欧亚历史文化文库

总策划 张余胜

兰州大学出版社

入 藏 四 年

丛书主编　余太山

〔印度〕艾哈默得·辛哈　著

周翔翼　译　涂百永　校

图书在版编目(CIP)数据

入藏四年/(印)辛哈著;周翔翼译.—兰州:
兰州大学出版社,2010.9
(欧亚历史文化文库/余太山主编)
ISBN 978-7-311-03528-0

Ⅰ.①入… Ⅱ.①辛…②周… Ⅲ.①西藏—地方史
—史料—清代 Ⅳ.①K397.5

中国版本图书馆 CIP 数据核字(2010)第 183081 号

总 策 划 张余胜

书　　名　入藏四年
丛书主编　余太山
作　　者　[印度]艾哈默得·辛哈 著
　　　　　周翔翼 译　　徐百永 校
出版发行　兰州大学出版社 （地址:兰州市天水南路 222 号　730000）
电　　话　0931－8912613(总编办公室)　0931－8617156(营销中心)
　　　　　0931－8914298(读者服务部)
网　　址　http://www.onbook.com.cn
电子信箱　press@lzu.edu.cn
印　　刷　兰州人民印刷厂
开　　本　700 mm×1000 mm　1/16
印　　张　11.75
字　　数　163 千
版　　次　2010 年 9 月第 1 版
印　　次　2012 年 4 月第 2 次印刷
书　　号　ISBN 978-7-311-03528-0
定　　价　35.00 元

出 版 说 明

　　随着 20 世纪以来联系地、整体地看待世界和事物的系统科学理念的深入人心，人文社会学科也出现了整合的趋势，熔东北亚、北亚、中亚和中、东欧历史文化研究于一炉的内陆欧亚学于是应运而生。时至今日，内陆欧亚学研究取得的成果已成为人类不可多得的宝贵财富。

　　当下，日益高涨的全球化和区域化呼声，既要求世界范围内的广泛合作，也强调区域内的协调发展。我国作为内陆欧亚的大国之一，加之 20 世纪末欧亚大陆桥再度开通，深入开展内陆欧亚历史文化的研究已是责无旁贷；而为改革开放的深入和中国特色社会主义建设创造有利周边环境的需要，亦使得内陆欧亚历史文化研究的现实意义更为突出和迫切。因此，将针对古代活动于内陆欧亚这一广泛区域的诸民族的历史文化研究成果呈现给广大的读者，不仅是实现当今该地区各国共赢的历史基础，也是这一地区各族人民共同进步与发展的需求。

　　甘肃作为古代西北丝绸之路的必经之地与重要组

1

成部分,历史上曾经是草原文明与农耕文明交汇的锋面,是多民族历史文化交融的历史舞台,世界几大文明(希腊—罗马文明、阿拉伯—波斯文明、印度文明和中华文明)在此交汇、碰撞,域内多民族文化在此融合。同时,甘肃也是现代欧亚大陆桥的必经之地与重要组成部分,是现代内陆欧亚商贸流通、文化交流的主要通道。

基于上述考虑,甘肃省新闻出版局将这套《欧亚历史文化文库》确定为 2009—2012 年重点出版项目,依此展开甘版图书的品牌建设,确实是既有眼光,亦有气魄的。

丛书主编余太山先生出于对自己耕耘了大半辈子的学科的热爱与执著,联络、组织这个领域国内外的知名专家和学者,把他们的研究成果呈现给了各位读者,其兢兢业业、如临如履的工作态度,令人感动。谨在此表示我们的谢意。

出版《欧亚历史文化文库》这样一套书,对于我们这样一个立足学术与教育出版的出版社来说,既是机遇,也是挑战。我们本着重点图书重点做的原则,严格于每一个环节和过程,力争不负作者、对得起读者。

我们更希望通过这套丛书的出版,使我们的学术出版在这个领域里与学界的发展相偕相伴,这是我们的理想,是我们的不懈追求。当然,我们最根本的目的,是向读者提交一份出色的答卷。

我们期待着读者的回声。

总序

　　本文库所称"欧亚"(Eurasia)是指内陆欧亚,这是一个地理概念。其范围大致东起黑龙江、松花江流域,西抵多瑙河、伏尔加河流域,具体而言除中欧和东欧外,主要包括我国东三省、内蒙古自治区、新疆维吾尔自治区,以及蒙古高原、西伯利亚、哈萨克斯坦、乌兹别克斯坦、吉尔吉斯斯坦、土库曼斯坦、塔吉克斯坦、阿富汗斯坦、巴基斯坦和西北印度。其核心地带即所谓欧亚草原(Eurasian Steppes)。

　　内陆欧亚历史文化研究的对象主要是历史上活动于欧亚草原及其周邻地区(我国甘肃、宁夏、青海、西藏,以及小亚、伊朗、阿拉伯、印度、日本、朝鲜乃至西欧、北非等地)的诸民族本身,及其与世界其他地区在经济、政治、文化各方面的交流和交涉。由于内陆欧亚自然地理环境的特殊性,其历史文化呈现出鲜明的特色。

　　内陆欧亚历史文化研究是世界历史文化研究中不可或缺的组成部分,东亚、西亚、南亚以及欧洲、美洲历史文化上的许多疑难问题,都必须通过加强内陆欧亚历史文化的研究,特别是将内陆欧亚历史文化视做一个整体加以研究,才能获得确解。

中国作为内陆欧亚的大国,其历史进程从一开始就和内陆欧亚有千丝万缕的联系。我们只要注意到历代王朝的创建者中有一半以上有内陆欧亚渊源就不难理解这一点了。可以说,今后中国史研究要有大的突破,在很大程度上有待于内陆欧亚史研究的进展。

古代内陆欧亚对于古代中外关系史的发展具有不同寻常的意义。古代中国与位于它东北、西北和北方,乃至西北次大陆的国家和地区的关系,无疑是古代中外关系史最主要的篇章,而只有通过研究内陆欧亚史,才能真正把握之。

内陆欧亚历史文化研究既饶有学术趣味,也是加深睦邻关系,为改革开放和建设有中国特色的社会主义创造有利周边环境的需要,因而亦具有重要的现实政治意义。由此可见,我国深入开展内陆欧亚历史文化的研究责无旁贷。

为了联合全国内陆欧亚学的研究力量,更好地建设和发展内陆欧亚学这一新学科,繁荣社会主义文化,适应打造学术精品的战略要求,在深思熟虑和广泛征求意见后,我们决定编辑出版这套《欧亚历史文化文库》。

本文库所收大别为三类:一,研究专著;二,译著;三,知识性丛书。其中,研究专著旨在收辑有关诸课题的各种研究成果;译著旨在介绍国外学术界高质量的研究专著;知识性丛书收辑有关的通俗读物。不言而喻,这三类著作对于一个学科的发展都是不可或缺的。

构建和发展中国的内陆欧亚学,任重道远。衷心希望全国各族学者共同努力,一起推进内陆欧亚研究的发展。愿本文库有蓬勃的生命力,拥有越来越多的作者和读者。

最后,甘肃省新闻出版局支持这一文库编辑出版,确实需要眼光和魄力,特此致敬、致谢。

余太山

2010 年 6 月 30 日

目录

序　言

　　尽管我著作的第一部分"我在克什米尔（Kashmere）和随后在下部藏区（Lower Tibet）[1]的旅行"足以充当全书的前言，但是我不应违背著书写序言的传统规则。

　　1897年10月，当我刚离开下部藏区踏上英国土地的时候，我接受了"每日新闻"（Daily Chronicle）代表的采访，讨论了当时世人很关注的主题，即"兰道尔骚乱"（Landour outrage）。我向他表达了关于此事的看法，被英国和印度的一些报纸广泛报道。这是我首次向英国公众作介绍，此后，我陆续收到对于这一问题比较感兴趣的社会各界的信件和邀请，来进一步介绍西藏及其居民。直至11月26日，受马提纽（Martinue）俱乐部秘书和牛津大学曼彻斯特学院的联合特别邀请，我又利用机会，在俱乐部成员面前讲解了西藏人的社会和宗教习俗。我采用了一些为演讲特制的幻灯片来阐释主题，并且愉快而惊喜地注意到，我的英国听众对报告非常感兴趣，也很欣赏我的解说。

　　1898年1月20日，我在伦敦的旺兹沃思（Wandsworth）作了一次同样的讲演，当时用了75张幻灯片来做讲解辅助工具，这些都是依据我画的水彩画和西藏的照片做成的。3月16日，在"牛津自然史协会"，在会长贝尔先生（A. M. Bell, Esqr., M. A.）的邀请下又作了报告。此后，在3月25日，我又应牛津基督教青年会（Y. M. C. A.）会长的邀请，作了一次与上次讲座内容类似的报告。

　　在旅居期间，在相关人士的热情建议下，我所受到的鼓励使我鼓足勇气构想出一种为普通的英语读者著书的想法。后来我把这一想法透露给牛津印度研究所的图书馆馆长雷德博士（Dr. Leider）。他说，许多

―――――――――――――

　　[1]译者按：作者前记"下部藏区"（Lower Tibet）是指今西藏西部阿里地区，包括拉达克。按藏族习惯则称阿里为"上部"。

·欧·亚·历·史·文·化·文·库·

旅行者在西藏呆了几个星期做生意或寻求快乐（是度假），都会宣称知道这个无关而不可接近的地区[1]的林林总总，这是一件令人遗憾的事，而我和西藏当地人共同居住，过着同样的生活长达4年之久，却对于写出这个有趣地区及其居民的故事而犹豫不决。他更愿意我成为那样的作者。我甚至无法断言这个学识渊博的博士的话对我的鼓励有多大。他还建议我先浏览现有的关于西藏的著作，以便确定自己所能够提供的另外的原创信息。

就这样，我阅读了克宁汉（Cunningham）、泰勒上尉（Captain Taylor）、古伯察（Huc）、朱（Drew）、拉姆齐（Ramsay）、奈特（Knight）、博韦尔（Bower）、瓦德尔（Waddell）及其他人的作品。瓦德尔的著作是一个非常有才气的作品，但可能只有搜寻有关宗教信息的读者会感兴趣。克宁汉的书对一般读者而言是最重要的著作[2]。它给予人们普通的信息，由对于这一主题善于辞令的作者撰写而成，但此书已绝版，而且有些过时。朱和拉姆齐的书提供了比其他著作更好的信息，但其内容主要围绕拉达克（Ladakh）展开。然而，这4本著作对于我的书的撰写非常有帮助。事实上，它们大大地压缩了我的工作量。当我无意去描述这一地区和其居民的时候，我的日记就已被汇编出来。但在英格兰，有人建议我展示自己的经历，以驳斥诺托维奇（Notovich）的言论。在我的著作中，我利用了非常丰富和大量的日记内容，以满足朋友们和我自己的需要。

因此，手头的材料被安排在分散的标题下，并需要进一步的重新安排、分类、改进和必要的修正。但意外的情况迫使我立即返回印度，我不得不放弃了在英国出版这本著作的任何希望。在印度，我请一些朋友阅读手稿并作必要的修改，他们在某种程度上热情地做到了，但本书

---

〔1〕译者按：国外一些作者错误地将中国西藏作为一个"国家"（Country）来处理，这是不符合历史事实的。为了尊重历史，凡是出现这样提法的地方，译者根据上下文的不同情况，统统改译为"西藏"或"西藏地区"等，并在必要的地方加注说明。本书作者当时还将拉达克作为中国西藏的一部分，反映出拉达克地区历史上是中国西藏的组成部分。

〔2〕译者注：指克宁汉（A. Cunningham）所著《拉达克的自然环境、人口与历史·附：周边地区释注》一书，印度新德里，萨噶出版社（Sagar Publications），1970年版。

在英国出版的可能性不是很令人鼓舞。因此,在我对西藏的其他事物感到好奇时,我把这本手稿束之高阁。在7年后的1904年,我碰巧拜访了贝纳勒斯(Benares)的一个著名的出版公司,在和经营者交谈时,我向他提到了我的手稿。他非常感兴趣,在他的要求下,我把带有一些水彩画的手稿提供给他。他熟读后通知我说,他的公司非常愿意出版这部著作。

我赞同这一提议是基于明确地认识到,我再没有任何时间去进一步修改我的手稿,我只是把原来的手稿交付给他而已。这就是以下提供给公众的各个篇章的由来。

总之,我补充说这只是一次冒险,但我希望它将会得到具有更高才华人士的某些共鸣。

艾哈默得·辛哈(Ahmad Shah)
哈米珀尔(Hamirpore,U. P.)　1906

·欧·亚·历·史·文·化·文·库·

1　我在克什米尔和随后
在下部藏区的旅行

那是在1894年3月20日,与我一起呆在班达(Banda)的一个朋友接到了一封来自于阿摩尔(Ajmere)的电报,上面说美国的安德鲁斯太太和梵学家白罗摩(Rama Bai)希望第二天在阿格拉(Agra)见到他。当时已经是晚上9点,且距火车开动只有2个小时的时间。我决定陪伴我的朋友。我们匆忙打包,立刻出发,在第二天的早晨到达杰哈斯(Jhausi),在那里换车到阿格拉。不巧的是,那时正值印度教大朝圣的季节,车厢里从厢顶到地板都是塞得满满的急匆匆的旅客。我们本来想坐二等座,但当天没有二等座提供,所以我们钻进了一个几乎全空的一等座,那里只有一个帕西(Parsee)绅士,他正在细读大英印(Anglo-Indian)日报的专栏"开拓者"。

那时的报纸正在反复讨论一种关于欧洲火葬的有趣故事。一个在米如特(Meerut)的平民决定死后用火葬,而不使用土葬,这在当时引发了很大的轰动。

火葬在印度非常普遍。每个印度教徒都进行火葬。但一个欧洲人在印度的土地上被火葬却是非常罕见的事。当然,在法国或英格兰,人们不会对这种处理死者的方法感到吃惊;事实上,我了解到,在那些国家基督教徒的火葬也是基督教的一种仪式。

我们两人均对这个故事感兴趣。帕西绅士把那份报纸递给我们看,我读了一遍,然后扫了一遍广告栏。我的眼睛被这样的话吸引:"招募一名有经验的医务人员去拉达克(Ladakh)的列城(Leh)。"

我当时正没有工作,然而由于我的妻子大病初愈,还在班达换换空气,我当时也没有准备接受一个职位。但不知为什么我想这个机会值得试一试。于是,我在火车行进的时候写了一份申请,立刻寄出去看会有什么结果。我想在我收到回复之前,有足够的时间考虑此事。

·欧·亚·历·史·文·化·文·库·

　　我们准时到达阿格拉，但使我们懊恼的是，当我们到达时，外面正下着大雨。天色已晚，我们开车去了诺斯布鲁克（Northbrook）旅馆，看前文提到的女士是否还在那里。她们已经来了，我们会在第二天见到她们。在随后的几天，我们在她们的陪同下参观了这座城市所有的名胜古迹，包括泰姬陵、堡垒（Fort）、萨坎拉（Sikandra）和阿特迈德－阿德－达拉（Aitmad-ud-daulah）。堡垒中暗黑的迷宫、一系列地下墓穴的模型深深吸引着梵学家们，伴随着传统的是一些最恐怖的施与女性成员的酷刑，这些女性生前享受着作为闺房中的同居者的可耻的荣华富贵。这可能也显示出"妻妾的悲哀"。随后我们带着深深的思考回到了班达。

　　我几乎没有想到会这么快收到对我半认真式申请的回复，更没有想到会被批准。但在 4 月 8 日，我收到一封常驻克什米尔的外科医生迪恩（Deane）的来信，通知我被选中作为该职位的候选者，要求我火速去往斯利那加（Srinagar）报到。我没有预料到会这么紧急，我的妻子还处于病中，而且几乎所有的朋友都不赞成这一计划，我决定除非时间可以宽限，否则我会放弃这个工作。

　　正在这个节骨眼上，几则来自于英国和印度报纸的著名消息引起了关注，即在赫米斯（Hemis）的修道院，诺托维奇和俄国旅行家"发现"了至今不明的藏语版的有关耶稣基督生平的手稿。对这一手稿的兴趣来源于它主要描写了在耶稣生活的第十二和第十三年之间的事情。对此，一些人怀疑，而另一些人确认了这一发现的意义。

　　有人宣称，我们的主为了追求知识，在如此早的一个年代，从朱迪亚（Judea）的土地到达东方的印度，并在那里和婆罗门（Brahmans）度过超过 15 年。这一说法对于那些已经习惯了听到"东方的智者"来到朱迪亚去参拜"正义的太阳"（Sun of Righteousness）升起的人们来说，显得非常奇怪。我心里充满了一股想要确认这一说法是否真实的渴望。当我了解到赫米斯离列城只有 28 英里时，我决心去那里看看，不顾我所有朋友的反对，也不顾将必须忍受的所有不便。考虑到我的妻子，她对我既是一种安慰，也是一个非常重要的部分；她在我朋友的房子里，

2

有朋友的母亲和妻子相伴。把她留在他们那里我很放心,于是我的思想就从极度焦虑中摆脱出来,与她的分离就不会使我更加痛苦了。

我于 4 月 16 日从班达出发,途经考珀尔(Cawnpore)、勒克瑙(Lucknow)、撒哈拉珀尔(Saharanpore)和拉合尔(Lahore)去往拉瓦尔品第(Rawalpindi)。在拉合尔的火车站附近住着我的几个亲戚。我本准备在此停留两小时左右;但我预计到这些亲戚会反对,并害怕他们会提出一大堆反对的理由,以打消我的计划。为了方便进一步的行动,我决定为保险起见,不看望这些亲戚,继续前行。直到 19 日,我抵达了拉瓦尔品第。

印度人是一个依恋家庭的民族,自然比较反对迁徙。大家庭体系是印度人的传统,一大家人在同一间房子里挤在一起,同吃同住,没有人会因为追求健康、财富或其他东西而离开家庭和家庭生活。企业的精神对于这个国家的人民来说,并不是自然而然的。"家里的半条面包也比外面的整条面包要好"是印度有名的谚语,表明了印度人恋家的思想。如果一个家庭成员离家远走高飞,整个家庭会感到这是最大的不幸。在教育和西方思想的强大影响之下,印度人强行侵入其他国家——作为创造荣耀的方式——留在身后的却是家里一堆人的抱怨和忧伤。对于一个西方人来说,不可能意识到远赴英伦的年轻印度学生的女性伴侣所经受的不可言说的痛苦和煎熬。这有点像眼看着最亲的儿子上战场的父母所经历的感情。

到达拉瓦尔品第之后,我不得不和铁路说再见了。轻便双轮马车和一马两轮单座马车是去往克什米尔唯一使用的交通工具。但因为当时的路况异常差,人们必须时不时在最艰难的地区徒步行进。尽管比较麻烦且更加颠簸,别人还是建议我乘坐一马两轮单座马车,因为这样我就可以带上所有的随身行李,如果改乘轻便双轮马车的话,行李就带不了。于是我雇了两辆马车,一辆给我用,一辆装我的行李,立刻出发前往姆里(Murree),在第二天早上我顺利到达。

稍事休息之后,我督促我的同伴继续行进,11 点我们到达了下一站哈瓦里(Phugwari)。从这里出发,剩下的路程就相对来说好走得多。

·欧·亚·历·史·文·化·文·库·

从拉瓦尔品第出发,我们此时已经走了50英里,中间没有任何明显的停留,而且在不得不攀登5000英尺高坡时也没有更换驮运一大堆行李的马匹。这次旅行中很瘦而且喂得很差的马匹,并没有因为长途旅行而崩溃;习惯发展了它们的力量,磨炼它们的耐心到了一个异常的程度。

在21日,我们从哈瓦里到达库哈拉(Kohala)。这里的杰卢姆河(Jhelum)上有最美的桥梁,此桥被当做是英国和克什米尔邦的边界线。桥的这边是英国领土,而克什米尔的征税官驻扎在桥的另一边。

早饭之后,我们离开了库哈拉,只走了两英里,通过了多莱(Dolai)。在那里我们发现因为最近下雨而路况非常糟糕,为了到达主路,我们不得不把马车拆成各个部分,让人力扛着在山路上攀登。这一异常的行为必须进行4次,使我们想起一个印度的谚语——"有时推车在船上,有时船在推车上"。在4点钟,我们到达了4英里旅程的终点。我们现在到的地方叫多梅尔(Domel),我在1887年在这里做过外科医生。这条正在建设的路,此时处于亚历克斯·艾金森(Alex Atkinson)先生的管辖之下。那有一个非常大的工作室,现在让位于路边一个非常舒服和必要的驿运站(Dak bangle),即休息的地方。我们继续前进,中间没有停顿,直到在黄昏的时候到达下一站嘎赫(Garhi)。我在这儿的驿运站过了一夜,马匹和人员都得到了充分休息和补给。第二天早晨我们继续出发,路途比前一天更加艰苦,我的单马马车在崎岖山路上行进了48英里。我们经过了3个站。每3到4英里,我们必须拆掉马车,扛着经过那些不能通过的地方,然后再重新调整。在旅途中,别人一再提醒我们说,就在当天发生了一起致命的事故。一个英国旅行者的马车摔下了悬崖,男管家淹死了,马车连带马匹都被下面的激流卷走。

第二天没下雨,道路也不那么危险了。道路正在修缮,但大自然诚心与这些可怜的劳动者过不去。在他们能够稍事清理路面之前,泡在冰水和暴雨山洪里的大堆的石块堵在了路上,堵塞了一英里的道路。那儿一直缺乏人力,令人失望。尽管一直在努力,旅程还是耽搁了。

我们到达了欧瑞（Ori），紧接着又冒雨前行。我们的马车夫瓦拉（Wala），对于各种事故和危险已经见怪不怪，而且脑子里满是这种故事。一路上，他不停地给我指出，这里一马两轮单座马车翻了，或是那里双轮小马车倒了；或是这里马匹滑下悬崖，或是那里人被淹死。我一路上都伴随着这些可怕的事故。这是一条危险而且极窄的路。路的一边是荒凉的山峰，另一边则是足以令人丧生的深渊，下面躺着一条河流。如果马匹在此畏缩，或我们的轮子发生任何故障，运输工具及其所承载的一切都会翻转下去。在河边有些地方，堆砌的石头使得道路稍显安全，但这并不是处处都有。

1894 年 4 月 23 日，我们到达拉普尔（Rampur），从此向前上述危险仍在烦扰着我们。我们 24 日离开了拉普尔，在中午到达了巴拉姆拉（Bara Mula）。那天我们不得不结束了马车行程。然而因为下雨，整个道路变成了泥泞不堪的河流；马车、马匹和我们自己都脏污不堪，我们携带的所有东西都溅满了泥浆。这是我们乘坐马车的最后旅程，为感谢马车夫的服务和陪伴，我们付给了他们一笔像样的报酬，之后与他们道别。从此之后，我们承诺忠诚于船夫，并完全接受他们的支配。在巴拉姆拉，我们雇了一只船，我试图尽力说服船夫立刻出发去斯利那加（Srinagar），但他们还在犹豫不决。这是因为正好两天以前，一个英国人冒着坏天气急于出发，结果溺水而亡。当时湖面上的风很剧烈，船翻了。折腾一番之后，我成功诱使他们出发，并给他们一小时的时间准备。

在 4 月 24 日的傍晚 5 点钟，我们开始向斯利那加出发。然而，当时风很大，小船处于危险之中，我们行进甚至不到一英里。我们费劲地把船泊回岸边，船夫把船系在岸边的一棵树上，而我开始反省我的急迫心情，这对船夫来说是那么不受欢迎。

一个看起来年长的船夫意味深长地看了我一眼，告诉我说，他应该拒绝我的请求，因为这不是一个适合出发的时间，我们不得不在那里停宿一晚。我知道"这是沉默的时间"。午夜时分，天再次放晴了，我又试图利用这些船夫的好心，诱使他们出发。他们似乎倾向于拒绝，但我

5

对这些船夫懦弱的认识给了我勇气威胁他们,最终使他们服从了我。我们出发并在一大早到达了索普尔(Sopur)。由于天气情况不确定,我们在当地雇佣了8个船夫。我现在拥有14个人在船上。有了这14个划桨者,小船快速划过湖面,我们在25号晚上5点到达斯利那加。不久,我在使团医院(Mission Hospital)和一个老朋友及校友吉德恩(Gideon)聚在一起。26日,我向当地的外科医生(Residency Surgeon)报了到。他给了我一封转交驻扎在查什玛·萨赫(Chashma Shahi)的古德弗里(Godfrey)上尉的推荐信。他告诉我,我要在斯利那加等两个月,因为去拉达克的路已经全封了,我必须去弄一些应对拉达克天气需要的更加暖和的衣服。

开始时,我对于仓促离开印度感到抱歉,因为我在两个月之内没有到达我的目的地。但随后当我坐下读报纸,发现诺托维奇的推测已经对宗教媒体产生了深远的影响时,这些想法也就烟消云散了。印度教徒、阿雷亚斯(Arayas)、见神论者(Theosophists)和反基督教的作者们都得意洋洋地沉浸于其中,他们宣称,甚至连基督教的创始人都不得不拜倒在印度圣人的脚下,他所习得的全部知识只是东方智慧的反映。我的热情再一次被点燃,充满一股要得到正确结论的欲望,并采取一种完全独立和个人的探究。我显然确信并倾向于支持诺托维奇,认为恶意攻击他的言论一文不值。在克什米尔,我见到了基督教传教士两兄弟——英格兰教堂(Church of England)著名的医护人员——亚瑟(Arthur)和俄那斯特内乌(Earnest Neve)医生。他们用特别的手法和技能发挥着他们的治疗艺术,从王公到最穷的农民,所有人均感激地肯定他们的行为。他们遵照耶稣的意志工作,在病人的心目中,为自己备好进入天堂的道路。我很高兴意识到,我也有这样的荣幸在克什米尔此家医院的亚瑟医生手下工作。

在这里,我还遇见了在教会传教士协会(Church Missionary Society)工作的奴利斯先生(Mr. Knowles),并向他询问诺托维奇的发现。他告诉我,他已经从列城的传教士那里确认整个事件纯属愚弄,诺托维奇压根儿就从没到过列城附近。我不能相信。我想在一个文明的时代,一个绅士怎么可能如此说谎。更可能的是,不赞同这一发现的传教士对诺托维奇抱有偏见。

虽然如此,我仍然继续呆在斯利那加,住在我湿淋淋的住所——船上。一天,当我正沿着芒什拜格(Munshi Bag)走的时候,我碰到背后有长辫子的几个人。我认为他们是中国人。我靠近他们,惊奇地发现其中一个能说旁遮普语(Punjabi)。我利用这点优势与他们交谈起来。我询问他们从哪里来,为什么来,并特别高兴地得知他们从列城来,而且此时和一个活佛(Kushuk)在一起。我随后明白了活佛事实上是什么。但在此时,我高兴地认为他是佛教的某位伟大的宗教人物。我把新认识的一个人带到了船上,招待他喝茶和享用其他点心,然后,似乎是为了获得对我好客的酬谢,我请求他帮助引荐给他的活佛。

他同意了我的请求,并保证如果我第二天拜访他,我就会在巴森特拜格(Basant-Bag)看到活佛。我感谢了他,并在第二天见到他优雅、庄严和神圣集于一身的化身。我看到,活佛坐在一个放有美丽而昂贵的袷林(qalin,地毯)的椅子上,椅子边有只藏狗守卫着。它看见像我这样圣洁有问题的陌生人,开始狂吠起来。活佛让狗安静了下来,和我握了手,让我坐在另一个靠近他的椅子上。在进行这些前奏时,我发现活佛能够说一点夹杂着旁遮普语的乌尔都语(Urdu)。[1]

这给予了我机会。他非常健谈,而我充满好奇。我适度地探听他,

――――――――――

[1]这个活佛是一个非常重要的人。他以巴库拉(Bakula)的名字为人所知,是艾斯帕塔克(Ispatak)寺院的住持,在那里,我们的朋友诺托维奇摔断了他的一条腿。巴库拉活佛(Kushuk Bakula),作为扎内斯卡土王(Zaniskar Raja)的儿子,正是那个帮助拉姆齐(Ramsay)上尉准备西藏西部方言字典的人。在宗教方面,他已经享有盛誉。他在拉萨受的教育,能够达到仅次于大喇嘛的地位,而大喇嘛是佛教世界永远正确的教皇。在整个下部藏地,他被认为是最正确的学者。他在克什米尔拥有土地财产,且到克什米尔处理事务。此州的一个警察恶劣地对待了他,因此活佛在王公面前抱怨了一番。在他去克什米尔向罗伯特长官(Lord Robert)请安之前,这个总司令到克什米尔度假了。我看到一张在人群之中,穿着喇嘛衣服的巴库拉在牛津大学博物馆里面的照片。

这个活佛不幸地在下部藏区变得不受欢迎。人们已经失去了一些对于他的信任。因为按照他们严格的寺院生活的观点,一个转世的活佛不应该像这个活佛一样活跃地参与世俗事务。可能这也是他在拉萨失去机会的原因。他还怕去那里,以免大喇嘛会谋害他,或是恶劣地对待他。他是一个大约25岁的年轻男子,非常英俊,有着一个大而突出的前额,这是智慧和聪颖的象征。冬天他呆在扎内斯卡,夏天在艾斯帕塔克寺院度过。

并从他口中获取对第一次见面来说尽可能多的东西。对于我的问题，比如他对伊萨（Isa，即耶稣基督）是否了解，了解多少，在这些内容中间是否存在他的独到见解，在其生活、工作或教学中，他是否知道任何藏文或巴利语（Pali）的书籍，他以一种非常坦白和诚实的方式回答了我：他所知道的关于伊萨的所有信息是通过列城的传教士获得的，传教士们经常在他们的传教旅行中参观寺院周边的集市，而且就他所知，他并不知道用他们的语言著成的此性质的书籍。我向他询问他们寺院图书馆的情况，在那里是否有此类书。他说那里的书相当部分在所有寺院都是常见的，比如说记述佛祖生活的书籍以及其他宗教书籍，即来自拉萨原版本的抄写本。但有些书对于每个寺院都是非常特殊的。这些是关于当地僧侣的生活、传教和言论的书籍。这些书籍是在学完课程的时候，每一个僧人写下并传给后继者的，成为他生活、活动和所在寺院的私有财产。

现在到他祈祷的时间了，享受祈祷正是他内心喜欢的事情。这是我第一次与他见面，我不愿打扰他，免得使他对我产生偏见。我们分手了。他注意到我的名字已经在他的手册中，确认了一秒钟，然后继续与列城来的人交谈。[1]

在与活佛交谈之后，我感到有点失望，并开始怀疑诺托维奇关于他发现的声明之诚意。但我不能立刻说出伟大沙皇的传记作者在说谎；他不是一个普通人，他曾著有几部著作，而且乍看起来，我认为他道德上不会在历史和文明的日光下断然扯谎。再者，我对自己说，毕竟，这或许是对周游世界的旅行者设拉子（Shiraz）萨迪（Sadi）所宣称内容的生动诠释：

---

[1]顺便说一句，我已经提到一个椅子和与这个神圣的活佛相关的手册。人们应该觉得奇怪，因为西藏僧人已经沉浸于这种奢华之中，这里让我的读者知道库拉活佛到过克什米尔几次，在加姆（Jummu）也住过几个月，在旁遮普（Punjab）的主要城市旅行过，所以已经有了现代的交往方式。每当他必须接见习惯了欧洲奢华生活的人时，他总是给来人一把椅子，我在最后一次见他的时候，一点都不惊奇于他采用了手写的拜访卡片。拜访卡片系统当时在中国人那里也是时尚，但活佛已经从英国人或是有教养的土生印度人那里学到了很多现代的生活和交往方式。这也解释了手册的使用，并表明了活佛的智慧，特别是在模仿外国人实用举止方式的过程中，针对不开放的乡下人所采取的不明智的歧视行为。

> 看遍世界的人发表更多的谎言;

以及

> 勇敢是手掌里有灯光,四处游走的贼。

我不在意萨迪或者活佛,或者诺托维奇。我已到达列城附近,我自己要查明事实的真相是什么。首先,我花费时间去阅读关于宗教、人民和西藏土地的当代著作,作为我探究的开始。如果知道有谁来自列城,我会拜见他们,尽可能多地获取有关当地人民,以及他们的行为举止、宗教、仪式和语言方面的信息,我发现他们非常有趣。我开始收集他们对我来说很有用的日常表达方式,比如说 Ir yon(到那去),Soun(走了),Galayuth(你好吗)等等。我的日记开始充斥这些语句。

4月一晃而过,5月也过去了。克什米尔已经"像雄鹰一样焕发青春"。这一季节充满生机活力,令人愉悦。作为大自然的产物,树木开始披上它们悦人耳目的绿色衣服。苹果、梨、坚果、石榴和温柏树(Bihi)上的花朵已经凋谢,新的幼果在繁枝茂叶中隐约可见,并将会成长为"好吃和悦目"的东西。甜杏(Khubanis)已经半成熟,桑椹(Shahtoot)接近成熟,葡萄如果制成可口的沙司还会有点酸,杏子(Badam)还生着,但可以和肉一起烹饪,李子(Aluchas)已经变成金黄色。此情此景宛若仙境。

> 这天,大自然少女似乎恋爱了,
>
> 精力充沛,活力四射,
>
> 新鲜的果汁搅动,拥抱着藤蔓,
>
> 鸟儿们已经成双入对。

在波斯诗人中最深邃、最博学和最具想象力的不朽的乌尔夫(Urfl)已经表达了他自己对于克什米尔美景的印象:"每个来到克什米尔的燃烧着的灵魂,即便它是一个烤熟的禽鸟,也会保留着羽毛和绒毛。"

每天都有3~4个欧洲旅客来到克什米尔。

当斯利那加的炎热令人难以忍受的时候,[英国驻克什米尔邦的总督代表的]官邸办公室就迁到了古玛格（Gulmarg）。一个奇怪的事发生了：一些旁遮普人前来斯利那加享受天堂般的凉爽和阴凉，然而这里的人们却到别处寻找他们的天堂。对他们来说这里太热了！

那是 6 月 6 日晚上 11 点，我闲逛回来，正准备上床睡觉，即将进入"仲夏夜之梦"时，发生的一些事情中断了我的幻想。可怕的叫声响起，"着火啦，着火啦"。像伦敦一样，克什米尔有时也会被火灾摧毁，导致大量的人员和财产损失。烈火在设格迪（Sher Guddi）附近肆虐，数百间房屋烧为灰烬，数千个家庭刹那间流离失所。军队在营救伤员和扑灭大火中表现出了值得称赞的英勇。斯利那加的官员在这一工作中也起到了非常积极的作用。但是恶人也同样警觉，他们也不辞辛苦，其能量在相反的方面起着作用。显然，他们也和营救人员合作抢救面临毁灭的财产。当人们来回抢救生命的时候，那些利用营救作伪装的坏人趁机拿走贵重财产，比如说珠宝、一箱箱贵重的衣服，以及铜制器皿。其中的一些贼被当场抓住，得到应有的惩罚。人们惊奇地发现在他们中间，一些人曾是生命和财产的保护者，或是军队的士兵！

对于像克什米尔大火这样的灾难，有很多本来是可以挽救的。所有老式房屋都从底到顶由木架支撑。墙是木头的，屋顶和地板也是木头的。作为一个普遍的习惯，几乎在克什米尔的每个人都有一个炕里（Kangri），一种用泥做成的小容器，里面装有用于取暖的火。由于在非常冷的天气里，克什米尔人会抱着它入睡，因此，火灾总是随时可能发生的。人们现在开始知道砖砌房屋的用途和价值，新建的房屋有着不同的风格。

在早晨，在荒凉的城镇，可以听到"抽泣和悲恸"的声音。周围是连续的灰堆，这让我想起在印度火葬场的悲伤一幕；除了到处残存着原来做支柱的半烧焦的木块外，没有留下人们居住过的丝毫痕迹。一些人为了逃避六月骄阳的炙烤而躲在伞下，另一些人还没有平静下来。他们不得不在不幸的压抑下呻吟着——一个人发泄他的悲伤说："哦！这个房子好值钱呀！"另一个说："我全赔进去了！"第三个人哭着说："我父辈的财产啊！"一个父亲正在为孩子的丧生而悲伤，或者裸露着半焦的肢体,一味地谩骂和诅咒假救火员拿走了没有烧掉的东西。这是一场永远不会被遗忘的、极其悲惨的景象,即使在长达 12 年后,重新读起我的笔记时,我还记忆犹新。

"一次悲惨已经过去,前面等着的是另一次悲惨。"第一次是大火的破坏,另一次则是水的问题。斯利那加全境被洪水所淹,洪水每时每刻都在上涨。该城雄伟的大桥变得十分危险。总工程师纳达索尔先生(Mr. Nadarsole)和他的全体员工不知所措地看着河两岸的房屋均处于日益逼近的危险之中。

商人开始匆忙地清空自己的商店;人们普遍放弃了抢救自己房屋的想法;官员们逃离了办公大楼;所有人都避难到了克什米尔的流动栖息地——船舶之上。但如何获得一只船是一个问题。看到机会的船夫开始漫天要价。只有最高的出价者才能得到一只船。船夫还强加了他们自己的条件。甚至就算你搞到一只船,你也不能稍事休息:你整夜都得醒着。一个灌木丛中连根拔起的树会突然横在你的船前——这是洪水时常有的现象——或者甚至大桥也会垮掉,横梁和船发生碰撞,把船撞翻,让你葬身水底。库哈拉和克什米尔之间的很多桥梁都垮塌了。到处是一片恐怖景象。人类在徒劳地与大自然抗争。整个城市一半都泡在水里。我以前和朋友走过的市场上好玩的小路,都已经变成有船只穿越的小河。杰拉姆(Jhelum)全泡在了水里。这样过了整整 4 天,受灾的惨状才慢慢地开始好转。洪水做了一件好事。它冲走了先前大火留下的悲伤痕迹。这是我第一次在这个地方的难受经历。

我现在有时间考虑下一步的旅行计划。祖格拉山口(Zugi-la)被封了。下一步我准备穿过它到达列城。6 月中旬,在赫米斯寺将会举行一个著名的展览会。我必须参加,因为那些匆忙集合的藏族佛教徒是我主要的兴趣所在。古德弗里上尉也要去列城。我可能比他早一些时间到。如果我碰巧和他一起到或比他晚到,我就会除了执行医疗事务之外没有其他空闲时间了:因为是他给了我这份工作。可我不得不屈服于祖格拉山口——它不太友好,不让我过去,不管我有多么紧急。

6 月 21 日早晨,4 个小时之内我收到 2 封来自龚德的电报。一封说我儿子莫哈默得(Mahmood)得了重病,另一封说他已经不在人世。我感到我自己必须屈服于上帝的旨意。我走得太远,而不能回去了。即使我愿意,我也不能回去。手头没有任何能为我利用的替代物。我已经把手放在了犁之上,不会再回头看。带着沉重的心情,我坐下给失去儿子的妻子写了封悲伤的信,向她描述了我的现状,并把她托付给慈祥上帝的眷顾,这是我所有安慰和慰藉的源泉。

6月懒懒地过去,7月开始了。1894年7月2日,古德弗里上尉的公务开始了。我陪着默罕默德·侯赛因(Mohammed Husain),他是英国驻拉达克联合长官办公室的职员。中午我们坐船到达甘卓波尔(Gandrabal),从那里我们开始骑马,在黄昏前到达了坎干(Kangan),并在那里过了一夜。这里我认识了一个新的和有用的熟人,他是旁遮普的商人,他的父亲是中亚的老练商人。他会说流利的藏语,在列城住了许多年,事实上,在列城开英国商店就是他的主意。

我向他说明了我的来意,他很愿意并向我保证,他会把我介绍给一些僧人,这些僧人愿意就自己所知和我进行交流。他还告诉我赫米斯的大喇嘛(Chief Lama)欠他一个人情,而且因为和大喇嘛的亲密交情,大喇嘛会看在他的面子上,为我做一切事情。我感谢他,十分高兴,从这次开始,我们很快成了朋友。

7月3日,我和我的新朋友莫罕拉尔(Mohan Lall)一起到了龚德。那里我们见到了一幅新景象:一个住在印度西北国境的阿富汗人(Pathan)正在让他的马匹从一个装满一种草的鼻袋吸烟。问了之后,我们得知这些马吃了一种有毒的草,而且几乎是无意识地,这名阿富汗人好像是根据顺势疗法的原则,用同样的草,以这样的方法给它们治疗。我们看到了死于同样原因的几具马的尸体,但马的所有者还不知道这种疗法。此地的小马本能地知道这种草的毒性,而避开了它。只有外地的动物,毫不知情地吃这种草。

这个山谷里的景色赏心悦目,十分振奋我这个陌生人的精神。

4日,我们到达了沙玛尔(Sonmarg)。这儿的景色更美,整条路上长满了各种野草,上面点缀着各种野花,雄伟的树木生长在道路的两旁。这是最适宜的运动场地,每年都有欧洲的运动爱好者来到这里。以前这里是驻扎在克什米尔的欧洲人夏天避暑的地方,但这一地位已经被古玛格所取代,因为沙玛尔是一个充满了毒蛇和蝰蛇的地方。

5日,我们从沙玛尔到了巴尔塔尔(Baltal),大约走了9英里的路程。巴尔塔尔在祖格拉山口的脚下。从沙玛尔到巴尔塔尔没有村庄和人类居住的任何痕迹。旅行者必须从沙玛尔自带补给。牧羊人在这里牧羊,这里有充足的牛奶和黄油、足够的干柴燃料补给。在那时,那里只有为邮递员准备的两个小木屋,但现在由于全奇(Trench)上尉的努力,当地有了小而漂亮的旅店。前面提到的可怜的阿富汗人又一次遭受了同样的损失:他的马匹又吃了相同的草,他不得不采用同样的方法治疗。

这里的天气变化频繁而急速。天气完全晴朗,阳光普照,看不见一丝云彩,但魔术般地,整个天堂般的景象马上就会变得阴云密布,阴沉沉的,继而大雨滂沱;又过了一会,你又会享受到同样的晴朗天空,好像刚才没有下雨或乌云。这种变化是如此频繁,以至于在12小时之内,我们观察到了5次之多。除了蛇之外,那儿还有对新来者会造成伤害的许多跳蚤和臭虫。

下午2点,这里来了一群骑着马的巴尔提斯坦人。他们遵照伊斯卡都(Iskardu)税务官(Tahsildar)的命令,和萨纳达尔(Thanadar)警官一起来到这里,目的在于将专员的行李等物品从他们的国家运送到扎斯(Drass)。

在宗教上他们是什叶派穆斯林(Shia Mohamadans)。他们住在最脏最差的地方,头的中间被剃开,但在两边头发可以长得很长,可能几个月都不梳头。他们表现出非常悲伤和被压抑的表情,来这里显然都非他们所愿。他们中的一些人来自30英里以外,一些人来自40英里外,另一些人则从50英里外赶来。他们把货物从巴尔塔尔运到扎斯,得到仅仅1卢比25分,即18便士的报酬。许多人不得不从50英里外赶来,成为30英里的搬运夫,然后在8天的行程之后,拿着不超过1卢比25分的报酬回到家里,真是非常辛苦。他们不得不养活自己、牲口和家庭。他们实际上是被强迫的劳动力。

7月6日的一大早,我们准备穿越祖格拉山口。这是一次相当困难的跨越,海拔高达11300英尺。我们的路途很可怕,间或覆盖的冰使得马匹打滑。在路上,路的一边是深渊,另一边是悬在头上的峭壁,路几乎不到2英尺宽。危险的景象使得游客产生特别敬畏的感情。

伊斯兰教徒们在进行祷告;印度人口中嘟囔着"拉姆－拉姆"(Râm-Râm);而我则想起了《诗篇》(Psalter)里的话:"尽管我行走在有着死亡阴影的峡谷中,但我不害怕恶魔,因为有你和我在一起。你的棍杖安慰着我。"我们花了2个小时穿过了这条危险的道路[1]。走完之后,大家的脸色再次明朗起来。

在这条路的尽头,我们碰到一堆石头,它们是伊斯兰教圣人的坟墓。在这里,伊斯兰教徒们开始祈祷,感谢我们安全地走完了这段路程。

当我们到了路的另一边,我们发现整个峡谷盖满了雪,在我们要走的道路上,冰雪已经消融,形成了很多分流和水池。我们到了玛塔延(Matayan),因为当地头人的忽视,这里处于最不幸的状况之中:除了奶和酥油,什么都找不到。

临时的营房处于最可怜的状态之中。我们在7日到达扎斯,那里有1个4名士兵和1名军士驻守的小堡垒。那里还有1个电报局、1个邮局和1个警察局,当我回来的时候,我发现那儿还有1个天文观测台。8日,我们停留在那里,等待古德弗里上尉从古玛格赶过来。古德弗里上尉一到来,便需匆忙赶往卡格(Kargil)。因为在当天晚上,他接到消息说沙斯干姆(Thusgam)的桥梁处于危险之中,因此9日早晨骑马匆忙出发,在早上11点赶到卡格。

我们被落在了后面,没有陪同上尉。

然而我们到了沙斯干姆和查那龚德(Chanagund)之间的一个小地

---

〔1〕从克什米尔来的话,祖格拉山口很难穿过。而返回的下山道路就比较容易了。在这条路上,每年都有几人丧生,超过一打的载着贵重货物的牲口摔下悬崖。最保险的方法是走完全程;骑马的人非常危险,因为马匹会害怕而失去平衡,导致人和马都遭受损失。

方卡布(Kharboo)。那里有一个花园,主要生长着白杨和柳树,树叶郁郁葱葱,地面盖着一层柔软的绿叶。

这真是一片绿洲,大自然给劳累的旅行者一个可以休憩的地方,它的柔软的绿叶地毯可供人休息。在花园上面有个村庄,下面则是一条在岩石间随意流动的激流,像饥饿的狮子一样咆哮着。

从扎斯到卡格的整个旅程令人感到单调乏味。眼睛无法从单调的光秃秃的山崖中得到休息,偶尔有棵孤寂的树,俯视着漫长起伏的荒凉大地。

7月10日,我们到达了查那龚德,然后出发去卡格。4英里的路程,一路上附近的河流洪水泛滥,我们不得不攀爬附近小山的湿滑小路,这是一种危险的行为。

我们在下午3点到了卡格,古德弗里上尉已经等在那里了。在这里我第一次见到了伊斯卡都的税务员拉拉·白山·达斯(Lala Bishan Das)[1]。

在卡格,我了解到我们将要过的桥已经完全被水冲走了,路完全中断。从列城来的信件也过不来。由于河水上涨,很多小桥都被冲走,路被完全阻断。

我在卡格呆了两天,从7月11日到12日。

因为邮递和交通也都中断,古德弗里上尉和白山·达斯为了疏通道路,去了萨斯科特(Salskote)。但修好桥梁并不是一件简单的事,河水还在一天一天地上涨。13日,当我到达了那个地方,我发现不管白

---

〔1〕他是一个年轻的旁遮普绅士,有着无可指责的生活和善良的品格。他良好的服务、乐于助人的天性、智慧和谦逊使与他交往的人感到亲切。印度政府认识到了他的价值,给他授予应得的头衔"Rai sahib",并推荐他担任拉达克省的长官。他是高贵的卡垂(Khattri)部落的后裔。他的先祖一直对克什米尔国效忠,并承担重要的军事任务。

在赤绰(Chitral)远征期间,作为吉尔吉特(Gilgit)的长官,他既忠心服务于克什米尔邦国,又服务于英国政府,并因其9年的服务,得到了以上提到的"Rai sahib"的称号。我在列城呆了2年,那时他是长官,我有幸和他有过非常好的交往。克什米尔政府应该庆幸自己拥有如此有价值的服务者。欧洲旅行者都很感激他,在他们的游记里面都承认这一点,特别是波维尔(Bower)上尉(现在是大尉),奈特(Knight)先生和顿摩(Dunmore)伯爵。

如果我们听说他成为一个克什米尔邦议会的成员,不会感到奇怪。他拥有一个领导者的自然能力,这将成为其子民的幸事。

·欧·亚·历·史·文·化·文·库·

天做了什么工作，晚上都会被水冲走。白天因为阳光的热量，冰块融化了，这增强了水流的冲击力，以至于早晨时所有白天劳作的痕迹都被抹去了。另一个困难在于木材必须从20或30英里外运来，正当需要的时候反而可能供应不上。

所有要去列城的人都不得不停在这里，所以我们的聚会队伍日渐增大。包括瓦德上校（Colonel Ward）、艾伦上尉（Captain Allen）、寇达克思（Coduex）夫妇都和我们在一起。同样地，在河对岸的聚会中也包括几个欧洲人。两拨人之间没有相互交流的手段。最后，我们采用了一个最新的通讯方式。第一封信被绑在了一个箭头之上，用弓成功地将箭射到了河对岸。这一方式也被河对岸的人们成功运用。后来决定，两边都从各自一方开始这项工作。我们不会停止这样做。"需要是创造之母"，我们试图以这种方式交换邮件。一卷线像第一封信一样以同样的方式被射到了河的对岸，然后一卷细线也依靠那卷线传递过来，慢慢地，一条足够粗壮的绳子形成了。这条绳是双向的；邮包被系在绳子的一点上，通过两边人小心翼翼地拉过来拉过去的方式，邮包也从一边被传到另一边。这条绳还有另一个用途：我们食物充足，然而由于对面没有村庄，没有补给可以提供，因而我们用它给对岸的人送去了黄油、面粉等等。这是一种可怜的消遣方式，但非常值得一做。

一天晚上，我们被对面传来的嘈杂音吵醒，随后非常欣慰地发现，他们已经从非常危险的局面中逃离。对面的欧洲人正住在帐篷里。那天晚上，一股冰水料想不到地穿过那片地方，要不是他们警惕，早就被河水冲走而丧生了。

在这里，我有足够的时间和精力深入考虑诺托维奇的"发现"。我找机会和瓦德上校进行了交谈，他告诉我说，诺托维奇是一个俄国间谍，他已经被西姆拉（Simla）的侦探跟踪，这对外务部门是秘密。

回到此次旅行上：在屡次尝试之后，最没想到的是，7月25日，大桥被宣布已经可以在一定条件下通过了。在这时，我们成了白山·达斯的客人，他尽可能盛情款待了我们。我们走过河，留宿在一个名叫卡萨（Khalsar）的村子里。

26 日,经过一段迂回曲折的道路后,我们在早上 10 点走到了笔直的道路上。这个地方离卡格只有 6 英里,但考虑到各种困难,我们绕道走了 26 英里的路程。从那里出发,我们到达了劳萨姆(Lausum),到那时我们感到异常饥饿。

白山·达斯的仆人搞到了一些器具,给我们做了一顿家常便饭,我们的胃口很好。这是一次令人难忘的午餐。没有勺子、叉子或刀子;我们把面包和肉放在岸边河水冲洗过的石头上,放在柳树荫下;我们用手和手指抓着吃,感谢老天赐予这顿饭。我们用手掌充当玻璃杯,自由地喝着河水,并问我们自己:"当亚当掘地,夏娃爬行的时候,谁又是绅士呢?"

27 号,我们从劳萨姆出发,在到达歇脚的地方之前,我们发现在河的左岸有一幢建筑物,白山·达斯告诉我们,这是一个佛教寺院。它建在高地,俯视着附近的村庄。

我立刻决定去看看这个地方。我带着伊斯卡都(Iskardoo)医务室的翻译江科纳斯(Janki Nath),他懂得这个国家人民的语言。我很快便进入了姆巴(Mulbah)[1]寺院。房间里放满了各种塑像。有些塑像有着宏大的、充分发育的类似学者和哲学家般的头颅和肩膀。我先表示了对于这些塑像的尊敬,然后继续和护卫这里的守护者——喇嘛交谈。他是一个头发灰白的人,多年患病,在那里已经度过了 38 年,到过几次拉萨。我在陪同也即那位翻译的指导下与他寒暄之后,喇嘛认真地对待我,他对我提出的任何问题都予以回答,完全满足了我的好奇心。通过江科纳斯的翻译,他给我读了一些书。然后,在问了他一些初步的问题之后,我说:"我敬仰你们被称为'伊萨'(Isa)的佛祖,请给我读一些他的生平和传教活动。"他说:"我们的佛祖,伊萨?"我说:"是的,你们的佛祖伊萨,19 个世纪以前生于朱迪亚(Judea),游历全印度,后经过尼泊尔到达西藏。"他说:"非常奇怪,我一无所知,他不是我们的佛祖。""这对我来说很奇怪,"我说,"一个处在你这样地位的喇嘛会对

---

〔1〕就是在这个地方,诺托维奇在他的发现里第一次使用了"伊萨"这个名词。

一个在佛教万神殿的、为拉萨人所共知的人物一无所知。他的生平事迹和传教活动用你们的语言记载着,他被你的宗教同行们,即上至大喇嘛下到最底层的僧人十分虔诚地崇拜着。"他回答说:"我在此地已经有 38 年了,看过这个土地上所有的寺院,去过拉萨好几次,熟读各类经典,拜访过我们人民中的许多饱学之士,我从未听说过你所描述的这个佛祖。我否认听过任何类似的名字。"在一番其他关于此问题的谈话之后,我失望地回来了。听说附近有另一个寺院。我出发去 2 英里以外的萨可德(Shargod)。那里也是类似的堆满塑像和图画的寺院,由一个喇嘛主持着,他有着超越一般人的年龄。他是如此老迈,出于同情,我没有问他很多问题,失望地回到了姆巴。在那里,我第一次看到了西藏人打马球(Polo)。当地的头人瓦兹尔·萨纳姆(Wazir Sanam)是一个佛教徒,也是此项运动的专家。我还在这里看到了西藏妇女的舞蹈,整个一伙人都因为运动和舞蹈而快快乐乐的。古德弗里上尉和瓦德上校给了参加者漂亮的礼物。

7 月 28 日,我们穿过诺米卡(Nomika)通道,到达卡布,海拔 13000英尺,而路况还不错。在这里我认识了另一个官员,拉达克的司库孟西·帕嘎斯(Munshee Palgais)[1],他保管着本省所有搜集来的钱财。他是一个非常老的公务员;对他来说,和外国人打交道是他的职责。他到卡布[2]是为了代表列城的长官欢迎来访使团。他是位信仰坚定的佛教徒,到拉萨去过两次,熟练掌握着旁遮普语言。

我依然为自己的嗜好所驱使,瞅准一个很好的机会咨询孟西·帕

---

〔1〕所有曾到过列城的旅行者都拜访过他。他的房间里有着各式各样的关于拉萨和西藏的故事书供以销售。在所有书里均提到过西藏的旅行者受到过帕嘎斯的恩惠。他在列城拥有土地,在当地是一个重要和广受尊敬的人物。他已经去了叶尔羌(Yarkand),与福赛思(Foreseth)使团保持联系,并给长官提供良好的服务。他对打猎充满激情,一些有时过去满足他们对于运动偏好的英国官员,都会给他送枪支。所以,他得到了半打优质的英国产的枪支和同样数量的左轮手枪。

〔2〕这里是我的朋友白山·达斯的管辖范围以外的地方;自此以后,我将独自继续旅行。我请求他提供一个懂得我所说语言的向导给我,以便介绍我到列城沿路上的所有寺院拜访。他给了我他自己的仆人:哈达斯(Har Dass),一个居住在列城的佛教徒,他可以讲一口很好的我所说的语言。

嘎斯。我问他是否知道有关"伊萨"的事,是否听到过任何有关他生平和传播教义的书籍。他说,他对与他所信仰宗教相关的事情一无所知;但他会介绍我去见列城的传教士,他们可能知道我所提到的这个人的很多情况。从他那里,我了解到教士们(Padres)过去常常每周日都去布道,并展览神秘的灯笼。那里还有罗马天主教牧师,他们大量利用伊萨及其母亲的图片。针对我关于赫米斯寺院的问题,他坦白地告诉我,他就是那座寺庙的成员,并和寺庙一直保持联系,他认识那里的所有喇嘛,并非常熟悉他们的学识。他还回答了我的一个问题。他在寺院中从没听到过描述作为一位基督徒,而不是佛教圣人的伊萨生平的书籍。这位经验丰富的老人对有关宗教的任何问题都作了充满智慧的、率直而坦诚的回答,显示了他想把所掌握的知识传承下去的意愿。我们可以看到佛教徒并不像印度教徒一样,思想狭隘到想要保留本宗教的秘密,印度教徒不会让你进入他们的圣地或触摸他们的圣书。

当他发现我非常好问时,他告诉我,由于我正以医生和政府官员的身份赶往列城,我会有很多机会在当地找到关于这些事情的第一手资料。

29 日,我到达拉玛育若(Lamayuro),也就是诺托维奇伪称第一次了解到在赫米斯的寺院存在着这本书的地方。

我和哈达斯一起参观了这个寺院,看到不到 30 个红衣喇嘛聚居在那里,而诺托维奇却提到他们穿着黄色的衣服。

那里同样到处充斥着偶像崇拜的痕迹,但所有事物都安排得井井有条。哈达斯指着塑像,告诉我这些圣人的名字,这是塔拉·戴威(Tara Devi),这是桑嘎斯(Sangais)喇嘛,这是多盖(Doorgai)喇嘛,这是达尔波(Dalboo)等等。我观察了所有事物。然后我要求哈达斯询问住持喇嘛,看他是否知道,在这个寺院里有关于"伊萨"的书籍,或者他是否知道关于这个名字的任何事情。他的回答是同样的,"他一无所知"。我有足够的机会测试诺托维奇在他的书中宣称的真实性,他声称就在这里,他从拉玛育若的喇嘛那里确认存在他自己脑海里所臆想出的东西。

我回到附近的旅店休息。与此同时，艾伦上尉和瓦德上校在孟西·帕嘎斯的陪同下也来到这里，搭起了他们的帐篷。

7月30日，我们准备好前往下一站。因为我们前进的道路经过寺院，我又在哈达斯的陪同下前往寺院。这一次我看到一个非常老的喇嘛，前一天没在那。在同伴的协助下，我又询问了这个老人。他说，他已经83岁，在11岁就成了喇嘛；自那开始，他就在这片土地上四处游历，拜访了所有的寺院，在嘎温（Gavan）、诺拉（Nurla）、莱克（Laikir）等寺院都呆过很长时间，他也去过拉萨，见到过成百上千的喇嘛，但从没听说过"伊萨"这个名字；伊萨不是喇嘛或佛祖，或他们的转世，在那里和拉萨的寺院里都没有任何历史书或故事书讲述他的生平，也没有他的著作。

他还说，他对于他们宗教的圣人故事非常了解，如果伊萨被他的任何兄弟喇嘛所知的话，他对像伊萨这样伟大的喇嘛一无所知，显然是极为不可能的。说到这里，伴着一股宗教虔诚的气息，他开始转动他的转经筒，这是我向他说再见，继续我的旅程的时候了。

那天我们走的路很糟糕，不平坦而且陡峭；由于洪水冲走了其上的小桥，我们不得不放弃那条古老而破旧的道路。我们走上了一条新的脚踏出来的小路，不时还要翻山越岭。

我们不断地爬上爬下。斜坡尤其危险，有些地方道路只有6英寸到一脚宽，每一步都有滑下去的危险。在这条路上，我们花了6个小时行进了8英里的路程，在中午我们到达了喀西（Khalsi）。在那里，河的对岸有一座小要塞，河上有桥可以通过。堡垒由半打士兵和一个长官驻守着。

这有一个庭院，我们停下来，享受了一顿美餐；我们的愉悦因周围的景色而增加，这里景色宜人。有足够的杏子（Khubanees）供人食用。自离开达斯以来，整个道路经过的地方贫瘠而且石头遍地，没有任何植被，这里是我们所到的第一处有美丽景色的地方。

我们不能在这里长时间地享受，为了在晚上4点到达诺拉的下一站，我们不得不出发。这里也有座名不见经传的寺院，里面有着用于崇拜的必需物品,由一个老喇嘛住持着,他没有给我们任何有用的信息。

古德弗里上尉于 31 日在这里停下了,我有时间游览了几个寺院,见了其中的喇嘛。在前一天晚上,哈达斯告知我附近有一个寺院,其中的喇嘛谙熟佛教教义,非常有名,他还在拉萨得到过学位。早晨我参观了这所寺院,并了解到这里的喇嘛非常节欲。他们既不吃肉,也不喝酒。他们甚至远离青稞酒(chang),是第一流的素食主义者。他们严格地遵守着禁欲的誓约;不允许女人进入寺院,也没有女人敢靠近这一区域。寺院附近几英里内,有着很多足以诱惑冒险家的猎物。但冒险家是无能为力的,因为喇嘛们不会允许他伤害任何动物,而且任何动物实际上都在他们的保护之列。

野山羊到处游荡着,可以离你非常近。它们和家养的动物一样温顺。我看见许多山羊就在寺院大门附近吃草,并很惊奇地了解到它们都是野生的;但它们感觉和意识到了喇嘛们的善心和保护,对陌生人并不感到害怕。

我们对这里的住持喇嘛表示敬意,并看到各种各样偶像崇拜物品和装饰。那里有一尊鲜为人知的、不同寻常的高达 9 英尺的金属塑像。这位喇嘛告诉我们,它代表着他们喇嘛中的一个,通过它我可以了解关于佛祖的知识。我问他很多关于"伊萨"以及其著作的问题。而他对此完全不知晓,这使我确信在佛教文献中没有这些内容。从他及其他人身上,我了解到这个人物的重要性:他已经确立了伟大佛教理论家的声誉,并精通他们的哲学和佛经;甚至活佛,在非常重要的事情上也参考他的意见,巴库拉活佛也不例外。他自己虽然不是活佛[1],但有着与活佛相同的地位。这座寺院因莱斯敦(Resdong)的名字而为人所知。

---

[1]也有传言说实际上他也是一个活佛,一个转世活佛,但考虑到在前世的经历中所犯的大错,他被禁止使用这一头衔。在学术和圣洁方面,他处在第一流。有一个广为流传的传言说,几乎没有哪个寺院的哪本书这个人没研究过。这明显是一种夸张,因为在每个寺院都有一堆的书籍,消化任何其中之一都需要很长时间。但以上说法都表明他知道宗教经典中所有重要的事,这一点他自己也承认,因此他对于有关"伊萨"书籍的证词具有绝对意义。他是最高权威,如果有谁能知道些关于这本书的什么事,那一定是他。他是伟大的藏语词典编纂者,是他们的神圣和世俗知识的大师,我不能找到比他更适合的人来提供我们关于西藏宗教的信息,除非我自己曾经有关于拉萨的更好的知识。

我离开寺院，和翻译哈达斯出发前往瑟斯波（Suspool），这里我们遇见了穆斯塔法（Mustafa），一个穆斯林（Mahomedan）绅士，他作为列城的官员前来欢迎我。他对我非常和善，更多是因为他的兄弟哈比·乌拉赫（Habib Ullah）将充当我的助手。他曾经远离列城到达克什米尔，加入到盖里森（Galitzen）王子麾下，因此，他给我讲了很多关于王子及其旅行的故事。穆斯塔法的母语是藏语；他也懂波斯语和土耳其语，说夹杂着旁遮普语的乌尔都语。我问他："朋友，你听过西藏版的上帝（Jesus）生平故事吗？""La haula wala quwwat（阿拉伯语表示愤怒的惊叹词），"他说，"'伊萨·阿俩·阿萨拉姆'（Isa Aliah Asallam）在异教徒中！像你这样明智的人应该最后再去找他。对你的猜测表示遗憾。我在这些人中间住了 32 年，我第一次从你嘴里听到'伊萨·阿俩·阿萨拉姆'是在西藏或印度的异教徒中。"

我告诉他这不是我的看法。我只是重复了一个欧洲人的纪录，他声称发现了一本西藏版的基督（Christ）生平。

他很惊奇，并说他比任何其他的旅行者都知道得更多。他的信息是第一手的，他懂藏语，并生长在当地。

我的朋友又给我指出了附近的一个寺院。我到那里，见到了一个非常老的喇嘛。他的眉毛都变灰白了，牙齿也掉光了。我问他的年龄，他说他只有 64 岁。他看起来老得多，像一个 90 岁的人。我问他怎么知道自己没超过 64 岁。他说当多格拉人（Dogras）征服这里的时候，他正 11 岁。他对自己的宗教知道不多。他是文盲，对我没有什么价值。

我然后问他在这座寺院里是否有任何的手稿。他说，"没有"，因为迪万（Diwan）[1]哈里坎德（Hari Chand）已经烧掉了所有的书籍，也没有关于这个哈里坎德的任何记载，但流传着一个谣言：当克什米尔的王公征服了列城，他想要给印度神建一个神龛，但是佛祖反对；于是，王公派了他的瓦兹尔（Wazir）哈里坎德去教训了西藏人一番，他们破坏了

---

〔1〕译者注：迪万及瓦兹尔，均系官职名。

沿路所有的寺院,烧掉了图书馆,扰乱了西藏人的神圣之地。

在布郭(Buzgoo)寺有很大一批藏书,也被烧毁了;在列城,印度教的神龛在被摧毁的佛教神灵的地域抬起头来。

在8月2号,我们离开瑟斯波,前往布郭,那里有一寺院保存着很多被忽视的经典书籍,我让哈达斯翻译并读给我听。我不能理解其中有关信仰、仪式和喇嘛生活的部分。但其中没有关于伊萨和他著作的内容。哈达斯渐渐有点厌恶这里,不能再陪伴我了;我需要尽快到达列城述职。

在他方便时,我在这里与他分别,直接换马后踏上行程,直奔列城。一路上经过塔罗(Taro)、旁(Phiang)、嘎万(Gawan)和伊斯佩图克(Ispituk)〔1〕,此地的活佛我在克什米尔见过,因此我没有去寺院拜访。

在我和印度学者潘迪迦·普拉喀什·朱(Pundit Prakash Ju)(不久成为拉达克的长官)的访谈期间,他把我介绍给他的两个翻译,翻译的职责是给他翻译藏文。他们的名字是坎顿姆什(Chandan Munshee)和萨诺姆什(Sano Munshee)。坎顿以前是一个喇嘛,但当他的兄弟死时,家族财产没人管理,他便放弃了誓言〔2〕,离开了寺院。

他去过拉萨几次。萨诺也到过拉萨。因为他们会说旁遮普语和乌尔都语,我庆幸自己在这样一个位置,保证他们对我如此感兴趣的事情的帮助。

在我新房间里休息了一阵之后,我参观了基督修道院,并和他们谈论了诺托维奇及其发现。肖(Shawe)先生已经写了很多东西来反驳诺托维奇。他告诉我诺托维奇从没来过附近,他有足够的机会来此这样确认其发现的真实性。

可是我对他所提供的信息并不满意。我急切地利用各种手段获得有关这一问题的第一手资料,因为我在列城读到的第一封信就来自于

---

〔1〕这里是诺托维奇非常不明智地摔断腿,并回到赫米斯的地方。列城离这里只有5英里。道路穿过平坦的平原,人们可以骑匹好马在15分钟内到列城。现在我进入列城了,这是我的最终目的地。

〔2〕一个喇嘛可以在合情合理的紧急情况下,从他的誓言中解脱出来。

·欧·亚·历·史·文·化·文·库·

我的一个朋友,他请求我尽快写信告知他我对诺托维奇发现进行考察的所有细节。他对此事的兴趣不亚于我。

我到达列城,我随后的日记变得不规律了。我将逐步地描述我如何验证诺托维奇旅行的真实性,以便能够以一种决定意义的方式反驳和揭露他的谬误。

我提及这一事实:对于伊萨相关知识和书籍的存在与否,传教士是予以反对的,而喇嘛们更是加以否认。尽管他广受质疑,但我还是以诺托维奇的旨趣为先入之见,我希望我能够通过个人的调查来检验他声明的准确性。

在我负责管理列城的医院时,尊敬的肖先生告诉我,诺托维奇在一份法国报纸上,反驳了别人指责他从未到过列城附近地区以及关于他断腿的故事也是一个谎言的声明,并公开提到马克斯(Marx)医生,他宣称这个医生治疗了他的病,在苏瑞·巴尔(Suraj Bal)有列城的长官证明他到访过列城。我被派往这一地区工作,使我很懊恼的是,我发现在诺托维奇著作出版前的5年,在1889年马克斯医生就去世了。

我无法解释使我的朋友埋没其名直到死后数年,并在诺托维奇著作的第一版中完全省略的原因。

马克斯医生不能被质询了,但他留下了医疗记录,那时如果在我手边的话,可以替他说话。

诺托维奇声称在1887年10月来到拉达克,并遭遇了事故。我检查了从1885年到1890年的所有医院记录,包括室内和室外的记录,大小手术的记录,仔细阅读了好几遍;可是,唉!都是白费工夫——诺托维奇或他的短腿在其中根本找不到。

这些记录包括非常详细和细致的项目。比如,在一处我惊奇地看到了马克斯医生的手笔:

病人姓名	病症	治疗
莫布利(Mowbray)上尉的狗	疥疮	硫黄药膏

在另一处,我发现一个先生的马被用30例吐酒石(Tartar emetic)予以治疗的事。如果他确实被马克斯大夫治疗过的话,诺托维奇先生

在这些记录中没有相关的描述，难道仅是一例不幸的事故？

我进而确信，马克斯医生甚至在他的私人行医活动中，也会把病人的名字记录在登记簿上，因为病人必须在一般的医院中取药。

很明显，诺托维奇没能对其曾到过列城、摔断了腿的说法自圆其说，马克斯医生登记簿的证明显然对他不利，肖先生非常正确。

我的第二步是追随诺托维奇的步伐，去赫米斯的寺院，而且为了富有成效，我要求古德弗里上尉以英国联合长官的名义致函赫米斯的大喇嘛。他好心地答应了我的请求，立即修书一封，随后书信被我的朋友，列城的摩拉维亚（Moravian）传教士——尊敬的韦伯（J. Weber）发表在《基督徒》之上。原版还保留在联合长官办公室的 1894 年的记录之中。在信中，喇嘛否定了诺托维奇，否认了其书中的所有内容，并拒绝承认曾经照顾过这个短腿的外国人。

对于一个普通的真理追求者，诺托维奇必须承担证明自己曾到过列城，并在那里摔断了腿的责任。喇嘛的否认具有决定性的意义。

但我们的朋友明显不在意举证责任（onus probandi）的准则，在他的一封来信中宣称，喇嘛因为害怕欧洲人抢劫他们宝贵的文献典籍，所以隐藏了事实，自私的传教士可能已经在某种程度上处理过这个手稿。

可怜的诺托维奇，他陷入了怎样的困境中！所有这些既不和谐，也不合理。

但由于 1887 年他大胆地去挑战陪同他去列城，乃至去拉萨的一帮绅士，他有机会通过发现"基督新生活"的手稿来为自己辩护，我们必须向他致敬。如果他没有冷静的耳朵和认真的头脑伴他追逐美梦的话，也不足为奇。

正在此时，在赫米斯将举行一个展览会，我必须出席，因为这是最重要的一次展览会，也是诺托维奇说他自己在 1887 年到访过的地方。我去参加的这个展览会于 1894 年 10 月 29 至 30 日举行。然而在这里，我被告知这个展览会是每隔一年轮流在赫米斯和尺姆布里（Chimbray）举行的。这两地相隔 7 英里，印度河从它们之间流淌而过。

根据这种说法，1887 年在赫米斯不会举行展览会。那年的展览会一定是在尺姆布里召开的。那时又是一支笔,还是一条腿滑落了?

诺托维奇在其书中宣称,他在寺院中看到的手稿被捆成两卷,在拉萨保存有从原版翻译来的藏语版。

在花了两天时间参加了展览会后,我去看了寺院的图书馆,立刻被这一事实所震撼:在超过3000本书的书堆中间,没有哪一本能用语言表达出来。

所有手稿以分散的页张一个挨一个保存在一对木板之中,用棉布裹着,贵重的卷轴则用丝布裹着。诺托维奇的两卷轴在此地一定是不同寻常的。这里是思考的食粮!

当我正忙的时候,阿格拉政府大学的道格拉斯(Douglas)教授在1895年5月的下半月来到列城。他来此的目的是调查诺托维奇所宣称内容的事实真相及其他方面。我见了他,并告诉他我自己调查的结果。然而,他自己去了赫米斯,私下面见了喇嘛,在西藏本地的基督徒,后来列城的行政长官朱尔丹(Jouldan)的帮助下询问了他们。道格拉斯教授带着一大包塞满了用原文写成的问题和答案的资料回去了。他建议把这些材料寄给马克斯·穆勒(Max Müller)教授,而且他自己也会写一篇关于自己调查结果的文章。

道格拉斯教授在赫米斯的经历与我相似,和喇嘛的谈话没有产生不同的结果。

此时我幸运地保存有一本诺托维奇著作的英文版,其中他宣称此书非常正确,而且比1894年的原先版本有了明显的改进。

当我正在思考我的成果时,1895年8月,一个著名的喇嘛从拉萨来到了列城。

他是第一级别的活佛,在拉萨管理着一个寺院。他管辖之下的寺院里有5500个僧人。他名叫洛桑朗杰(Lubzeng Namhgail)。他管理着拉萨和列城的很多寺院,到列城来是作为住持来视察教区里的郭万(Gowan)寺院的。在这里,他毫无怨言地忍受着当地的活佛。我抓住机会拜访了他,希望能从他那里得到有关这个问题的信息。

我从他那里得到了大量信息,但发现他对"伊萨"或其生平的书籍一无所知。

足可以说,这个藏传佛教徒从没梦见过这样的东西。这是异常慷慨的诺托维奇希望把他的梦加诸这个可怜和无知的喇嘛身上。

在这一阶段,我被一封来自妻子的电报所打断,她告知我她病得很重,想要尽快见到我。她正在生死之间徘徊。因此,我马上告了40天的假期,开始匆忙折返。

1895年9月1日我离开列城,9月4日到达克什米尔,然后又共走了17日,其中我只有4天骑在马背上,我的仆人骑着小马陪着我。

我在长途旅行中感到筋疲力尽,不得不在克什米尔停了几天,看望了仍在那里的朋友巴库拉。他抱怨斯利那加炎热的天气,并指着他的狗作为证明,狗蓬松的毛已经掉光了。

我匆忙离开斯利那加,在经过很多艰险之后,我到达旁遮普省锡亚尔科特(Sialkot)的扎法维尔(Zafarwal),我的妻子躺在那里,已经奄奄一息。我和她待了一个月,连续地照顾着她。在1895年10月14日凌晨,她咽下了最后一口气。

我履行了最后的仪式,带着一颗沉重的心,再次准备回到列城。

现在我有一个6岁的女儿需要照顾,我把她放在拉合尔的圣杜佛林基督高级中学(Lady Dufferin Christian High School)里,由我认识的人来照顾。

当我还在扎法维尔时,我收到一封孟西·帕嘎斯的来信。信上说拉萨来的活佛想要我带给他一副野外双筒望远镜和一个气床。

我立刻给在孟买的台科(Treacher)公司发订单购买以上东西,希望这些礼物能够巩固我们之间的友谊,增加我揭示诺托维奇秘密要害的机会。

正当准备出发去列城的时候,我听说我的朋友白山·达斯已经从吉尔吉特转到列城做长官了。这是一个额外的机会,因为他可以尽可能地帮助我了。我正往回赶时,在路上,我在卡格遇到了白山·达斯。他到那里给巴尔提斯坦的牧主发放慰问品,这些人的牲畜在赤瑞(Chitral)远征中死去不少。

从卡格到列城,我和白山·达斯一起走,相互的照顾舒缓了旅途的艰辛。

我在 11 月 17 日到达列城,活佛对于望远镜和气床非常满意。我又给了他另外几件东西,比如说英国制的刀具,有着实用的刀刃,可以充当剪刀、勺子、叉子、塞子起子等等;还有几幅展示罗马天主教宗教仪式的油彩画[1]。他很感激地接受了所有这些礼物,自然很喜欢。

我问活佛怎么知道有气床。他说一个喇嘛从大吉岭(Darjeeling)带了一个过来,他很喜欢。

随后,我把诺托维奇著作中的一些章节读给活佛听。他对书中的观点哈哈大笑,并表示对基督、摩西(Moses)、法老(Pharoah)和以色列等这些在诺托维奇的《基督的生平》(*Life of Christ*)中被频繁提及的名词一无所知。

在列城,活佛将要举办一次与基督教圣礼(Christian Sacrament)和天主教的仪式非常类似的一个宗教仪式。

活佛用最好的衣服打扮起来。他穿着一件宽松和顺滑的,用非常昂贵的黄丝绸制成的衣服,他法冠上的昂贵的珍珠闪耀着光芒。根据传统,在此活佛掌握大权之前,这件衣服已经持续多年在不少于 13 个活佛的肩头垂下,这件衣服被认为是最神圣的,对圣礼的仪式来说也是不可缺少的。

今天,在佛教圣坛前有不少于 3000 个信徒。

这是活佛给予列城附近所有佛教徒的一次普通的款待。

那里有一大壶装满一些类似汁液的神圣物品,活佛把它倒在那些光着头坐着的信众手中。他们立刻吸吮着吞下,并在头上交叉双手,以便抹去保留在手上的残余液体。

另一个喇嘛端着已经装满了用面粉和黄油做成的球状物品的大盘子。它们都呈现出玫瑰般的红色。每一个信徒在分享了汁液之后,得

---

〔1〕对于这些画,我自己也有担心的地方,害怕有人会看到它们。而且,据报道说除了基督的生平之外,佛教徒在他们的地方保留着受祝福的处女和圣子的画像。因此,我把这一事实公布于众,不让人把这些画的存在作为诺托维奇发现的证据。

到两粒球状物品以食用。

人们一行行地坐着,叠着手。活佛在给汁液的时候,用孔雀尾巴制成的毛刷碰一碰信徒的头冠;在接受了这一神圣东西之后,信徒按照自己的财力,以铜币或金钱的形式给活佛献上礼物。女人则献上她们手上的戒指,一些人献上昂贵的绿松石(torquoise),其他则只是一块黄油。

所有这些人均从活佛那里收到几片黄色、红色或者绿色的丝绸[1]。他们则把它挂在脖子上作为信物和护身符。

现在,当我已经完全赢得了洛桑朗杰活佛的信任时,我透露给他我想陪他去看拉萨的热切愿望。

我许诺如果他肯带我去,并保证我会安全回到列城或大吉岭,就给他5000卢比。活佛对我的提议大笑,并说作为朋友,他个人对于我陪同前往并不反对;但随后,他说,这对于我非常危险,对他来说更危险。因为据他所说,当我被遣送回来,他自己的生命就会处于危险之中,因为有严格规定,禁止带着任何非佛教徒的外国人进入这个神圣的城市。

后来,我才知道活佛害怕被他身边的人泄露消息。那人是他的私人秘书,总是陪着他,是活佛身旁的一个间谍或是侦探,被派来观察活佛的日常行为,写一些活佛会见他人情况的秘密报告。

此人非常狡猾,并对监视大喇嘛的指示非常严格地遵守。

摩拉维亚的传教士瑞拜克(Ribback)先生和我有两次想给作为在各种体制下保持良好健康典型的活佛拍张照片。这个秘书注视着我们,每一次我们在活佛做圣礼时调整相机给他照相,秘书都会固执地走到我们和活佛之间,以至于镜头完全照到他。

我们很失望,但是毫无办法。

我问活佛为什么达赖喇嘛(Grand Lama)会严格禁止外国人进入城市。他说司法权力归属于噶伦(Kalouns),即掌管整个地区土地的大臣。他们确认,一旦外国人进入拉萨,他们将丧失权力,饥荒和瘟疫就

---

[1]译者注:此即指"哈达"。

·欧·亚·历·史·文·化·文·库·

会接踵而来,人民将放弃他们的宗教,抛弃他们的习俗和摒弃佛教。这种信念源自于达赖喇嘛的一种预言,他的一个前世曾发表过这样的言论。

他告诉我说,欧洲人被严密监视着,不容许进入达赖喇嘛的领地,他被严格禁止与任何欧洲人进行谈话。

他说拉萨人有种想法,认为列城的土王(他们已经被推翻了,现在只从克什米尔政府那里领取养老金)仍然掌握权力,代表着达赖喇嘛统辖着整个地区,克什米尔的土王也承认达赖喇嘛的宗主权。在这种想法下,土王的权威在拉萨还被承认,每年土王都会得到一份来自人民的收入,并由寺院资助着。

他还说,他很惊奇地看到在列城的佛教徒王侯被推翻了。

全奇上尉曾设法与这个活佛见面,以便确认一些与瓦德尔(Waddell)博士研究成果相关的某些事实。然而,活佛谢绝了与他见面,因为他不想见任何欧洲人。全奇上尉因为认为这是对自己的一种怠慢而十分生气。他对活佛表示抗议,并致函给活佛,说他是女王陛下的代表,拒绝予他尊重,他会亲自将此怠慢上报女王。

这些信函由孟西·帕嘎斯送达活佛,当时他和活佛住在一起,书信已经为活佛翻译成了藏语。

很奇怪的是,活佛对此非常高兴,说他很感激上尉能提供给他关于其对外国人明确态度的证明书。他会将此展示给达赖喇嘛,作为他严格执行达赖喇嘛的指示,而与欧洲人毫无瓜葛的证据。

1896年3月,活佛开始为返回拉萨做准备,尽管他在列城会一直呆到6月。

我问他为什么急着要走。他说他接到从拉萨来的消息,一些欧洲人想要通过列城进入拉萨,这个圣城将要遭到从锡金和大吉岭方向来的英国军队的入侵。为了拯救城市,喇嘛们正在为一场大的战争做着准备;他们决心在地区落入敌手之前,战死至最后一人。

我对这个奇怪的消息感到震惊,后来我发现了西藏人想象力的能量,一座丘陵已经变成高山。

威里（Welby）和马科蒙（Malcolm）上尉正在试图从列城进入中国，解决锡金的边界问题那时正在考虑之中。此情况显然表明，拉萨政府在统治中对于边境问题十分敏感。他们搜集一切可能的信息，并及时地警告人民。

无论如何，活佛还是出发返回拉萨，在赫米斯呆了一天之后，当他将要通过羌拉山口（Changla Pass）而去坦赤（Tanchi）时，一个不幸降临在他的身上。

他丢失了代表其精神权威的黄法衣和主教法冠。这件事被报告给了列城长官拉拉·白山·达斯。一场非常彻底的调查开始了。

人们怀疑小偷来自于赫米斯寺。但我们的活佛，好像通过某种超自然的感知，认定了一个名叫拉夫坦（Raftan）的特殊的人是窃贼。他们花了很多时间徒劳地试图劝说他放弃偷来的东西；但他拒绝承认偷盗。对于一个在西藏的贼，当被抓住而否认罪行或拒绝归还在其手中的窃物，这是很少发生的事。

活佛现在宣称，如果他没有拿回法衣和法冠的话，则他必须自杀，因为没有它们他不敢在达赖喇嘛前面露脸，否则他将受到更残酷的死刑。活佛的秘书也不含糊，就好像在他的看管下东西被偷了一样。

最终拉夫坦供认并还回了法衣和法冠，并宣称通过在他的屋顶下保管这些圣洁的财产，他家里的物品已经受到了天堂的祝福。

法衣和法冠的失而复得，使得活佛和秘书都特别高兴，奖赏了那些帮着寻找的人。法冠是一个非常贵重的东西，上面饰满了大颗粒的珍珠，价值约25000卢比。

当活佛返回拉萨后，他给我寄了一个丝制的披肩和一大堆拉萨的特产，这些仍然是我的有价值的收藏品。

1896年6月，赫米斯寺的喇嘛发生了一场大骚乱。所有人都反对作为寺院住持的强佐（Chogzote）。他们指控强佐处理掉了一个非常古老而有价值的，在寺院已经保管了好几代的书籍。有人怀疑这本书已经落到了热东（Rezdungs）寺院的住持手里。

这是件值得深思的事。我开始想那是一本什么书。据说那本书是

31

黄金和白银写就的。会不会这就是诺托维奇的手稿？但谜底很快就揭晓了。

这本书很快被发现了，赫米斯寺的一些喇嘛藏起了这本书，仅仅是想创造机会非难不受喇嘛们欢迎的强佐[1]。

我确信我已经在我的日记里提到了相当多关于诺托维奇旅行的事。我把它们从日记前面几页抽取了出来。然而，日记里面其实还有引起公众兴趣的，需要进一步评论的某些观点，因此，我要利用这个机会，单独辟出一些章节，来评注诺托维奇先生的非常有助于发展他的"基督鲜为人知的生平"理论的某些言论。

---

〔1〕这个强佐对于维护他的制度非常严格，他希望其他人服从于他。他大大地改善了寺院的建筑，在前面还建造了一个非常美丽的花园，就好像伦敦的像样的庭院。在夏天，这个花园就成了那个地区的天堂。

2 诺托维奇先生和他的发现

诺托维奇先生否认有意掀起一场神学上的争论，并坚持"完美的好信仰"。他还提出"他对于俄国传统宗教的信仰"是非常强烈的。然后，他的翻译者为了使他的发现看似可信，曾向几位传教士求助。这些传教士已经"设想到在喇嘛的古书中，仍然残留着基督宗教的某些痕迹，正如他们所认为的那样，基督宗教在耶稣十二使徒时期就已经在那儿传播"。调查将使这些臆测处于被批评的质疑中，即便价值不大，但是他们将惊讶地意识到诺托维奇曾走过的地方，如圣巴塞洛缪（St. Bartholomew）、圣托马斯（St. Thomas）、圣马提亚（St. Matthias）（哦！请告诉我们在哪？）等，计划将充满光明的信息传播给印度、西藏及中国内地的人们。当批评者试图确认"梵蒂冈（Vatican）图书馆不允许学者进入"时，关于此事，有 63 本以各种东方语言著成的完整或不完整的手稿，而对批评者来说，并没有增加多少可信性。毫无疑问，当批评者知晓提供给诺托维奇信息的人是一些"罗马教廷的中坚分子"，这些名字不能泄露时，他们的怀疑一定是完全无法验证的；甚至马克斯·穆勒教授抗议，他以适当地"利用必要的帝国法律手段"表示愤怒。

很可能的是，诺托维奇先生给予了我们所无法提供的可信度。

然而，当他质疑"福音传道者的话"，或指控他们"无知或忽视"，或说救世主（Saviour）的诞生是"遵从自然法则"，并坦言建议"给予他们很少肯定"，或说他不相信复活的上帝，否认"复活的传说"时，他的俄国或希腊宗教的正统看起来十分虚无缥缈和微不足道。

我认为，诺托维奇先生可以被赋予更多的对其理性主义的赞誉，这比他仅仅出于谦虚而准备宣称的要多。

如果诺托维奇先生在公众前作为一个在东方寻找所有智慧的神学家，我们最好准备相信他的"完美的好信仰"，并相信他不会出于任何原因，抱怨我们"打击作为作者的他的荣耀"。

·欧·亚·历·史·文·化·文·库·

然而,他给予我们一种解释,目的是"填补福音传道者的传统的空白,因为福音传道者仅仅给了我们关于耶稣幼年、青年和教育方面很少的细节",而人们对他的这些发现是极为称许的。他也很大胆地挑战我们"去向他显示基督从未到过西藏或印度这一事实的任何途径",他还承诺,"他到时会甘认失败"。

我们需要提供什么样的反面证据,或其他被称为"最顽固的宗派主义者"的东西?

鲜为人知的生活提到伊萨"在他长到 13 岁时,离开秘密的父母居住地"。与此同时,圣路加(St. Luke)在生活中从耶路撒冷(Jerusalem)返回拿撒勒(Nazareth),与父母居于一处,还告诉我们说,他"受父母照顾"。在其本国,他进一步宣称:"耶稣的智慧和年龄都在增长,并对上帝和人类都有好处。"

如果我们的主很快地离开父母的照顾,他就不会有时间"受他们管教",他的同乡也就没有机会看到他的智慧、身高和年龄的增长。以上所有都表示在人们的眼中,作为上帝之子(Son of God)的主在本国有着明显的逗留。

这些关于耶稣幼儿、年轻和教育情况的不加修饰的细节,在我们争论时的重要的言论中非常充足,那就是说,我们的主在此时并没有离开过朱迪亚。

无论如何这些只是关于救世主的现代印象,不是证据,我们的救世主还在他的言论中,表示他总是和他的人民住在一起。

如果我们的主在国外,在其本国人民视野所及之外,度过了多事人生的最重要的青年阶段,那他的人民就没有机会对他的教义感到惊异,并惊言:"这不是木匠的儿子吗?他的母亲不是叫玛丽(Mary),他的兄弟不是叫詹姆斯(James)、琼斯(Joses)、西蒙(Simon)和犹大(Judas),还有他的姐妹,他们不都和我们在一起吗?这个人何来这一切的东西?"

诚然,一个在外流荡 15 年之后返回国内的半外国人,当为人们所遗忘时,他只会不顾体面地说:"一个先知不能没有荣誉地呆在自己的国家里和自己的房子里。"朱迪亚的土地可以被称作他的国家，作为一个以色列人，而不是作为加利利（Galilee）人。在加利利，他度过了10年幼年时期，而呆在印度和中国的时间则超过2倍的时间。

这里有一个非常重要的阶段："他应该被叫做一个拿撒勒人"（这种引人只能通过一个亚洲人才能实现）。"他被称做拿撒勒人的耶稣"，基于此，他的言论经常被人怀疑。"拿撒勒会产生什么好的事物吗？"读者们可能听说过波斯诗人（吐斯城的）佛达斯·吐斯（Firdausi Tusi），还有另一个更有名的波斯诗人（设拉子的）萨迪·设拉子（Sadi Shiraz）。

在亚洲，伟大人物因为他所居住的国家而著名，国家的名字缀在他们的名字之后。

有时，他们自己的名字反而被完全忽略了，如拉兹（Razi），即法库鲁丁（Fakhuruddin），著名的《可兰经》（Koran）的注释者，他曾是拉（Ray）村的居民。

沙哈拉斯坦尼（Shahrastani），即阿布杜尔·卡里姆（Abdul Karim），伟大的非穆斯林的阿拉伯作家，以他的住所而命名。

如果他把自己人生的大部分时间花在了其他地方，基督怎么会被称为拿撒勒人？

不管多么珍贵，没有人会太在意孩童时期——当他们长大了之后，只有他们的存在和住所为人所知，并且他们获取了名声。

明显的事实是我主总是被人们根据拿撒勒而称做"拿撒勒人"（Nazarene），这足以证明他确实在拿撒勒，而不是其他地方度过了生命的最重要时期。因此，那些对作为拿撒勒居民和当地木匠之子的我主非常熟悉的人们，可以惊讶于我主的超自然智慧，使他与他的表弟区分开来，尽管他和他们在相同的情况下住在一起。因此，这种带有鄙视的熟悉感，使得我主说出了著名的格言："一个先知不能没有荣誉地呆在自己的国家里和自己的房子里。"

证明我主离开朱迪亚长达15年的说法的责任便落在了鼓吹这一说法的人的肩上，我们已经用显而易见的证据，驳斥了这种所谓福音书

·欧·亚·历·史·文·化·文·库·

与主在西藏逗留的说法不存在、不一致的说法。

2.1 东方外交

为什么赫米斯的喇嘛们拒绝肯定地回答置于他们面前的手稿的问题？对于这一问题，诺托维奇先生回答说，"因为东方人习惯把欧洲人看做是抢劫犯"，他把他的辉煌成功归结于他在旅行中所学到的东方外交策略。

很明显的事实是，诺托维奇先生身上总是有种足够浓的欧洲味，使得当地人产生怀疑，特别是在这些外国游客难以令人满意地解释清楚他们居住在当地的来意和目的时。毕竟，他只会"在他的旅行中学到"外交艺术，而我作为土生的东方人，和他们在一起住了4年，身上没有一点西方举止的痕迹使他们对我产生怀疑。我赢得了那里僧俗两方的信任，并感觉在家一般，我还被邀请参加他们寺院的宗教会议，参加他们的社交集会，和他们穿得一样，并像任何其他西藏人一样，在他们中间行动。

谁能比我有更好的机会得到关于最重要事情的正确信息？我宣称：利用我所拥有的一切优势来收集信息，通过4年的细微观察，我从未发现诺托维奇先生确认的哪怕是一丁点的提示。当他提出"伴随著名的东方学家回到西藏，来验证当地这些东西的真实性"时，这一切并没有增加他的可信性。我怀疑，在欧洲或者甚至在美洲的人，是否有人愿意陪伴由诺托维奇领导的这些人。对于这一团体的成员，首先把握诺托维奇所描述的"东方外交"的标准就非常之难；其次，困难之处还在于要经受住他的对于东方人看待欧洲人的方式所作的解释。

在欧洲人之中，谁还能比瓦德尔博士更有优势？谁比他能更多地进入西藏喇嘛们的思想感情？谁又比他具有更好的机会和更多的优势？

我忍不住在此从他的前言中，引述下面一段话："在我一开始询问时，我便发现学习语言是必要的，而这是极其困难的，而且几乎没有欧洲人懂得这种语言。随后，当意识到了喇嘛们所维持的看似混乱的仪式和符号象征的严格秘密时，我曾有冲动去买下带有装饰的整个喇嘛寺庙；并促使住持喇嘛向我详细解释他们所进行的符号象征和仪式的细节。鉴于我很感兴趣，喇嘛觉得有义务以我的口味解释在他们的典籍中存在的关于佛祖在西方转世的预言性内容。他们自己确信我是西方佛祖阿弥陀佛（Amitabha）的化身，因此他们克服了良心上的犹豫，不受约束地告知信息。带着得来的这些信息，我又拜访了其他的寺庙和寺院，批评性地扩展了我的知识，我看到了一小部分正在复制经文手稿的喇嘛，并搜寻那些我研究范围之内的内容。我以这些方式并利用特殊的便利洞悉保守的西藏仪式，直接从拉萨和扎什伦布（Tashi-lhunpo）获得了大部分所需要的东西和解释性的资料，我也得出了大量崭新的关于喇嘛理论和实践的信息。"

非常奇怪和可怜的是，可怜的瓦德尔博士从未到过"瓦卡哈（Wakkha）寺院"相应的地方，或者遭遇该寺院的"胖喇嘛"。"这位喇嘛非常精通比较神学，对基督教及其教义十分了解，对上帝之子也完全熟悉"，并且也关注着作为"宗教之父"（Father of the Church）的教皇（Pope）。

根据诺托维奇版本中一位无名喇嘛所说的，西藏的佛教徒坚持认为，"伊萨是一个伟大的先知，是二十四佛中的第一位，他比任何一个达赖喇嘛都要伟大，因为他具有我主的部分精神力量……他的名字和行为在我们圣洁的著作中记载着……我们因异教徒的可怕罪行而哭泣，他们在折磨他之后，给他施以死刑"。

百思不得其解的是，瓦德尔从没有一丝的对这些悲痛的敬畏之情，以及对"耶稣"（Man of Sorrows）的向往。

诺托维奇先生非常谦逊，他否认了想象的有效性，并且不接受别人对他思想原创性的恭维。但我们不能否认他应负的责任，他的想象肯定远比他所意识到的更加丰富，整个虚构的"耶稣基督不为人知的生平"很好地从一个可宽恕的多产大脑中演绎了出来，形成了一个布拉瓦茨基（Blavatsky）夫人称之为"伊萨的内幕"的非常合乎逻辑和系统

·欧·亚·历·史·文·化·文·库·

性的附录。

　　然而,诺托维奇先生利用一个奇怪的联想来支持他本应放弃的主张。"即便我能够创造出这样幅度的浪漫,单单常识就会指出,我应该通过把我的发现归功于一些神秘或超自然的介入而提高它的价值,应该避免说出我的发现的确切地址、日期和具体情况。"对于后一种谨慎,我敢说,他已经把它发挥到了极致。他并没有给出单单向他(而不是其他外国人)吐露真情的"胖喇嘛"或"住持喇嘛"的姓名;对于发现的细节及他的翻译者,他也是异常模糊的。

　　但考虑到前一种谨慎,他极不明智的是,他将自己的发现用欺骗的手段转达给通神论者,而这些通神论者从拥有无穷超自然力量的西藏大圣身上获得经验。然后,他非常清楚地意识到信徒——基督徒——几乎不会相信他的主张,而此将成为对其欺诈行为无争论余地的证据;而那些欧洲的无宗教信仰者——非基督徒将会彻底地否定他,他们坚信神奇和超自然是不受欢迎的。

　　他采用现在这样的计划非常明智。这给他一个正当的机会来多次出版他的书,以此满足人们的好奇心,并在他的欺诈被暴露之前有足够多的时间。

　　我恐怕,他已正在为见神论者们扮演着耶稣的角色。

2.2　大师任南(Renan)

　　该书一经出版就令读者震惊,而它的编纂有一件值得注意的事情。

　　诺托维奇先生宣称已经发现了 1887 年年底时他的手稿,但却在他回到欧洲 7 年之后,即晚至 1894 年年底,才将他的劳作成果公布于世。难道这是通过将他的天赋搁置不用,并把它深埋地下的方式,而来讲述十个天才的寓言故事? 然而,他为这一延迟找了一个理由,但我必须请他原谅,我把这称做是毫无说服力的借口。他说在这一发现随后的几年间,他访问了欧洲很多的专家,并就出版此书的方式向他们咨询。最后,他在巴黎见到了任南(Renan)大师。任南提出了一个诱人而讨好的建议,要求诺托维奇先生将正在谈论的自传委托给他,以便于他向学院提交一份关于自传的报告。诺托维奇先生显然并不相信这个法国学者意图的真实性,对整个计划产生怀疑,并"以需进一步修改为借口",带回了"他的著作"。

在欧洲有谁会怀疑任南小心谨慎的正直——谁会怀疑他曾经剥夺有野心的年轻人追求他们的恶名而为自己的桂冠上添彩?

在任南死了之后,这可能是所能听到的最令人气愤的诽谤中伤。那么,在从任南手中取走这部著作之后,为什么他没有立即将之公之于众——学术性的社会团体可以更好地组成一个代表团"在当地调查这一手稿",以便整件事情可以很快得到详细的审查,而在其后 5 年却将这一手稿提了出来?"那个告诉他在拉萨的档案馆里保存有关于耶稣基督生平和西方国家的古老文献的住持喇嘛"还活着,可以被轻易地访问到。"瓦卡哈贡布(Gonpa)"的"胖喇嘛"的名字在罗马教堂的神秘故事和许多基督教神学的复杂主题中非常多见,而且此人也本能够被他所提议的"代表团"采访到——从这种有害无益和毫无意义的耽搁之中,他究竟得到了什么呢?

我们很困惑地想了解,为什么他冷漠地等待死亡之手带走任南,并允许"瓦卡哈贡布"改变了整个事态,还移走了"胖喇嘛"。

我设法寻找"住持喇嘛",而且他不会为了诺托维奇的利益而放弃作证。那个"胖喇嘛"也无从寻找。对于所有这些失误,诺托维奇先生只有一个借口,它听起来很仁慈,但非常虚假。

"然而,为了不以任何方式伤害到我深深尊敬的大师(任南)的感情,我决定等他死之后再说,我可以预见这一悲剧的发生——从他虚弱的身体状况判断——可能这一日子不会太远了。"我们可怜诺托维奇,可怜他对"大师"表现出来的尊敬。

其后,再次考虑到 7 年之后第一版出版时可能会受到的批评,他的解释是书出版的"匆忙所致"。这种所谓的匆忙并不能为诺托维奇先生称做的"细节不详"予以开脱。

但是,我用的是他 1895 年的英文译本,他称这本是"洗清了所有过错的书"。我用手头的这本他的书追随着诺托维奇先生[的步伐],尽我所能验证它的准确性,而且前面几章已经介绍了我的劳动成果,供读者们研讨——我无需隐藏我的印象:在其最基本和最重要的部分中,诺托维奇先生的记录是一些应该受到最严厉谴责的连篇累牍的谎言。

对他而言,这是一次最大胆的尝试:强加给公众,使之总是期望从一个19世纪的旅行者那里得到正确和合乎事实的信息。

3　历史

　　在 7 世纪以前,西藏的历史鲜为人知。正当那时,朦胧的迷雾散去,一线曙光开始若隐若现。在这个时期之前,西藏人还是一个食人的野蛮种族;他们沉浸于一种魔鬼的信仰,进行着神秘的、很可能奉献活人牺牲以取悦不可预见力量的活动。大约公元 600 年,一个统治几乎整个地区的君主国出现了。据记载,一个印度王子从他的敌人那里一路向前到达了这个地区,蕃(Bodh,藏人自称——译者注)之地,今天这里的人民自己称之为西藏(Tibet)。但这些很可能是杜撰的;更容易使人相信的是,一个地方首领用某种方式,通过类似战争或外交的手段,获得了对其他小首领的支配地位。绝大多数部落认可他作为他们的国王,君主国的基础由此就建立了,一直存在到 10 世纪。除了国王的统治给这个王国带来繁荣之外,我们对他知之甚少,他和中国内地保持着联系,导致的结果就是存在于中国内地的历算科学和医学被传到了这个地区。他的儿子叫松赞干布(Sron Tsan Gampo),他对于我们来说更为熟悉,他的统治非常重要,因为在他统治时期,佛教被引入了西藏。起先,他是一个不信仰乔达摩·希达多(Siddharta Gautama)的人,但在他两个都是虔诚佛教徒的妻子的影响下,转而信仰了佛教。在她们的建议下,他派遣吞弥·桑布札(Thumi Sambotha)到印度学习佛教教义,并带回神圣的佛教典籍。吞弥·桑布札非常诚恳地接受了这项使命,带回了北部印度的字母表;并以此作模版,创立了众所周知的西藏字母表。桑布札还在国王的帮助下,通过著书来推广佛教。多年后,随着佛教或喇嘛教的传播开去,他开始被虔诚的信徒认作是佛祖转世。

　　松赞干布不单是一个佛教的积极倡导者,他还是一个战士。他对唐朝[1]西部的频繁入侵,使得唐朝想设法获得他的善意,并通过联姻

---

〔1〕译者按:此处原文为"中国"(China),改译为"唐朝",更符合历史事实。以下同此。

·欧·亚·历·史·文·化·文·库·

和他结盟;当时甚至有人说他征服了喜马拉雅另一边的国家。像他的大臣一样,松赞干布也得到了被追封为圣者的荣誉,也被视为佛祖的转世。他的儿子和孙子并没有拥有像他们父辈这样的宗教狂热,但他们遗传了好战的特质。前者沿袭了他的父亲的政策,经常入侵唐朝的领土,惹恼了唐朝人,以至于他们报复性地进攻这个地区,一直打到拉萨,并一把火烧了王宫;后者在试图平息尼泊尔叛乱的时候不幸殒命。

松赞干布的曾孙也有推广佛教信仰的兴趣,但他的统治被其著名的后继者和小儿子蚕食掉了力量和繁荣。大儿子是他那个时代最英俊的男人之一,他的父亲为他迎娶了一个因其成就而为人所共知的唐朝公主(金城公主——译者注)。但在她到达西藏王宫之前,年轻的王子就死了,她并没有回去,而是后来嫁给了他的父亲。这种婚姻的结果是他们的儿子,即墀松德赞(Thi Sron Setsan),事实上他是在西藏最热心推动佛教的人,是喇嘛教的阿育王(Asoka of Lamaism)。在他的邀请下,从印度来的莲花生(Padma Lombhara Gumpo)到了西藏宫廷(大约在公元747年)。莲花生是一个神奇的大师,一个从印度著名的哲学学院而来的伏魔师。他并没有因为自己很熟悉印度佛教而介绍它,而是在给西藏传播佛教时,融入了大量在当地发现的本地魔鬼崇拜的信仰。在他的教义的某些方面,承认了这些信仰,这样,佛教的传播就变得很容易了。正是他建立了喇嘛体系,创建了西藏第一个寺院,并给予西藏佛教一种一直保留至现在的形式。墀松德赞全力帮助他,此时寺院在整个西藏又有所修建。这种热心佛教事业的责任由其子(牟尼赞普——译者注)接任。他是一个社会平均主义者,充满了想要消除他的子民中所有贫富不均的雄心壮志:那里将不存在富人和穷人;富人的财富将被剥夺,财富将给予穷人。但最后,他发现人们又回到了原先的状态。这种尝试重复了两次,但两次均以失败告终。在他的后继者中,很少有能够引起普通读者兴趣的人。经过几代和平统治之后,纷争爆发了。850年,这个王朝分崩离析,在此期间,有很多独立的割据势力。因为最后一个赞普的次子损害佛教的运动,在斗争中间,就爆发了对佛教徒的残酷迫害。

随后便是整整一个世纪的纷争和斗争,每一个皇家的后裔都建立了一个小的王国。当这一切正在发生之时,在西藏西部发生的事件注定影响着这个地方的政府。佛教主要通过两个小头领的热心而再次复兴。这两个小头领是兄弟,是一个联合家族的后裔。这个家族在11世纪时被邀请入宫廷,并曾资助过著名的印度人阿底峡(Gurn Alisha)。当贵族和王子们沉迷于战争,并给予喇嘛们更多的关照时,喇嘛教的财富和势力稳步发展。阿底峡的到来可以说正好发生在这片土地准备接受一个神权政治的君主政体的时候。他改造了僧人制度,僧人可以到处施加影响,并领受各地头人的供养。这即是人所共知的被称做噶当派(Kadompa)的新教派,并形成了另外两个教派,即萨迦派(Sakyapa)和噶举派(Kagyupa)。萨迦教派逐渐超过了另一个教派,当忽必烈可汗(Kublai Khan)在中国即位的时候,萨迦派把被称做萨迦·班智达(Sakya Pandita)的大喇嘛(指"八思巴"——译者注)派到元朝那里。这个使团在元朝朝廷呆了12年之久。在他返回之前,皇帝赐予他这片国土的大片土地,并封其为西藏宗教组织的领袖;作为回报,他和他的继任者必须服属于元朝皇帝。

但元朝皇帝也担心,这种新的权力可能会成为激起另外两个教派(阿底峡的改革后的噶当教派和噶举派)反对的根源。在70年(1270—1340)的统治之中,萨迦派似乎持续地享受他们的权利,并镇压势力逐渐强大的其他反对教派,但帕木竹巴(Phagmodu)兴起后,改变了整个西藏的政治格局。喇嘛教作为一支世俗力量消失了一段时间,此时,帕木竹巴在长期的斗争之后,成功地在北京宫廷的帮助之下,建立了一个统治西藏许多年的王朝。正是在这一时期的1447年,著名的扎什伦布(Toshi Lunpo)寺建立了。

在元朝之后,明朝的统治者确认了帕木竹巴后继者的王位;他们还承认当时出现的八大寺院。当满洲(Manchu)首领巩固了其在中国内地的权力,并和明王朝的最后一个皇帝征战正酣之时,一位蒙古王子却图汗(Jengir Nor)攻入了西藏地区,但他在巨额赔款的引诱下退兵了。这一事件刚一结束,贿赂他退兵的喇嘛就承认了满洲人所建立的清王

·欧·亚·历·史·文·化·文·库·

朝。这惹怒了蒙古人;他们在却图汗的儿子固始汗(Gushir Khan)[1]的带领下,进攻并征服了西藏地区,并将政权移交给达赖喇嘛。这些喇嘛原来曾归属于伟大的扎什伦布寺,但在蒙古人的帮助下,他们中的一个被选作拉萨附近甘丹寺(Galdan)的喇嘛首领(达赖喇嘛)。他现在在西藏的地位至高无上。清朝政府承认了达赖喇嘛的权威。这种权威一直统治着西藏,直到今天。

拉达克的历史在这里需要多说一些。直到10世纪,它都是西藏的一部分,后来它宣称脱离拉萨。尽管在精神方面仍旧承认达赖喇嘛的权威,但在政治事务上却很少听命于他。在17世纪,拉达克通过宣称效忠于克什米尔,而成为印度穆斯林邦国的附属。当克什米尔被印度锡克(Sikhs)教徒征服时,拉达克人抛弃了他们的主人,但在1840—1841年,一个克什米尔邦国的陆军中尉俄拉瓦·辛格(Zorawar Singh)镇压和吞并了这片土地。接着,巴尔提斯(Baltis)也被他所征服,到此多格拉(Dogra)帝国的扩张走到了尽头。它也曾有过一次试图针对西藏西北地区的进攻和入侵,但军队因为在雪中遭难而崩溃。西藏人进军到列城,但被打败了。然后,和平局面在条约的限定下维持着现状,直到第一次世界大战之前。

---

[1]译者按:却图汗非固始汗之父,作者误。

4 政府

最高的政治和宗教权威被赋予了达赖喇嘛或大喇嘛。他被当做是佛祖转世,4 岁的时候就被选出来。当一个达赖喇嘛死的时候,他的精神在此时会进入一个正在出生的孩子的身体,大家就会努力寻找再转世的灵童。他们会找到一个孩子,他能瞬间拥有说话的能力,并说出"喇嘛已经从布达拉来,他们会来找我"之类的话,使家长惊奇不已。激动不已的父母会告诉喇嘛这些奇异的事,随后这个孩子会注定成为一个达赖喇嘛。他和父母呆上 4 年,4 年之后就被带到寺院,他会被要求指认上一位达赖喇嘛曾使用过的一些物品。他几乎总是成功的,并按照规则被选为达赖喇嘛的转世。18 岁之前他是未成年人。与此同时,一位摄政会从拉萨 5 大寺院之中被选出来,他也是某位神化的喇嘛的转世。在平等的情况下,两名候选人由喇嘛们选出,此事会被提交给清朝皇帝,由他来决定他们两人中的哪一位会成为摄政。在拉萨的宫廷里,有两位清朝的大臣,称为"驻藏大臣"(Ambans);他们在达赖喇嘛之后有优先地位。这些驻藏大臣由一支 1000 人的军队所支持;一位驻藏大臣的任期限于 3 年。

除了这些,还有 4 个大臣,叫噶伦(Kalauns),他们是旧有的贵族成员,由达赖喇嘛和驻藏大臣选出。他们终身任职,是西藏的实际统治者,他们手中握有达赖喇嘛的世俗权力,所以达赖喇嘛可以全心全意地专注于宗教活动。

这些噶伦由 16 位下级官员辅助,其中 4 人掌管着地区的军事事务,4 人掌管着民政事务,另外 4 人掌管收入和支出,还有 4 人管理司法事务。

4 位大臣任命管理不同地区和村庄的行政长官。每一个村庄的喇嘛在精神和宗教领域有着至高无上的权威。甲布(Gyalpo)或郡王负责管理世俗事务。他有"噶伦"大臣来帮助他,还有一个长官"伦布"

·欧·亚·历·史·文·化·文·库·

（Lunpo）和一个总司令"马本"（Makporn）。孜本（Chagzot）是负责政府收支的官员，沙本（Shakspon）是掌管司法的官员。除此之外，其他还有马匹总管、警察总长、文职官员，他们被拉萨任命后，都在偏远地方任职。如果他们中的任何一个在任期之内被迫卸任，一个更强力的人就会代替他的位子，因为原有的官员不可能不经过斗争就被铲除。新来者会面对原有官员派系的人物，只有在胜利的情况下才会稳住职位，否则就会有其他更强有力的人被选上。在这些争斗中，同一家族的人也难免会受到惩罚。一般的情况下，这些高层职位是由贿赂来保障的，但每位官员在所有的事情上都必须服从拉萨当局的最高权威。

在西藏没有常规军队。在危急时刻，政府会号召每个家庭至少提供一个人当兵。他会用老式武器、火绳枪、弓和箭武装起来，有时会用盾牌保护自己。他必须自己携带粮食补给；一般会有陪同他行军的一个家庭成员来照顾他。

用这些原始的武器武装起来，他们对敌人的情况知之甚少。俄拉瓦·辛格在1838—1842年征服了列城，然后为克什米尔的印度王公古拉伯·辛格（Gulab Singh）所统治。当列城的土王听到了俄拉瓦入侵的消息时，曾命令他的笨拙军官把所有俄拉瓦的士兵绑了手脚来见他。但一个大炮的炸弹落在了土王的宫殿上，破坏了附近的寺院，这使他终于相信，俄拉瓦不是任何贡巴（gonpa）或是村庄的头人能够轻易击退的。

司法由各个村庄的头人或甲布或噶伦来主持。奇怪的惩罚办法在西藏非常流行。在犯罪案例中，如果法官严厉地咒骂了被证明有罪的人，这就会被认为是一种足够的惩罚；或通过维持法官的尊严和荣誉，简单地通过向有罪的人脸上吐唾沫的方式，来加重侮辱性的惩罚；或是法官指挥一些粗壮的西藏官员用拳打来执行惩戒。按照法律，笞杖也是允许的。在很多案例中，犯法者会被罚款。当在争吵或殴打之后，一个人杀了另一个人，他会被用箭射死，或在脖子上挂上石头而溺死在河中。如果是无缘无故的谋杀，死人的身体就会和谋杀者绑在一起，尸体和还活着的罪犯一起沉在河里，或是一起埋在地下。如果一个主人把他的仆人打死了,惩罚并不严重,只是会被人们低眼相看。

如果一个喇嘛强奸了一个尼姑,而他们两人都受独身誓言的管束,他们则都会被驱除出他们呆的地方,而遭受公众的谴责;如果他们没有这样的约束,他们则会结婚,并被迫背井离乡。如果他们中的一方是俗人,他或她的额头上会留上印记,而流亡异乡。用作惩罚的印记是由铁做成的,在皮肤上印上狗的形状,导致以此方式被惩罚的人成为"有坏名声的狗"。

如果这个罪行是通奸,男方有罪,则他必须归还妻子所有的嫁妆和从妻子那里得到的所有东西;如果是女方有过错,男方可以把她赶出去,留下所有的钱财。如果是盗窃,窃贼会被关进监狱,所偷的财产一经发现,都归还给失主,而那些购买被盗财物的人则也被惩罚,他将被剥夺被盗的财产,钱财也要上缴国库。在有些案例中,如果某人通过出售偷来的东西而获得钱财,他会被罚款,他会被命令乞讨,直到有足够的钱交罚金。当所偷的财产,来自于寺院或是国王或长官的住所,初犯是受鞭刑和罚款,二犯是砍掉左胳膊,三犯是砍掉右胳膊,四犯则会被驱逐出境或淹死。外国人的偷窃行为,只会以罚款来惩罚。

从民事案件罚来的款项都要充缴国库;从刑事案件得来的款项,则交给喇嘛用以支付罪犯的日常费用。

割去一只或两只耳朵,是惩罚罪犯的一种手段,还有另外一个奇怪的做法,是在罪犯的脖子上挂一条沉重的锁链。有时,一个罪犯会被裹上公牛或母牛皮,并被置于太阳下暴晒,或者扔进河里。有时,他们会被热钳子烙上印记。但所有这些酷刑都由部落的某个头人执行。喇嘛不会做这些,因为流血或施加伤害,违反他的宗教。如果犯罪者是一个喇嘛,在刑事和民事案例中,他将会被寺院的某些喇嘛按照教规审判,经常会受到仁慈的处理。他不会被处以死刑;在一些不可饶恕的案例中,犯人则会被砍去一个或两个肢体并遭流放,永远不准进入所在城镇。在很多案子中,喇嘛会不择手段地设法使案情向他乐意的方向发展。

为了考虑宽大处理,政府指派了一帮人做所谓的调解人,他们的责

·欧·亚·历·史·文·化·文·库·

任是为向他们求助的罪犯求情。如果司法长和达赖喇嘛愿意宽大处理,他则会通过接见罪犯的方式,让他知道他的决定,这种优待等同于宽恕。同时,当上诉已经在考虑之中,罪犯和所有的亲戚都会为上诉成功不停地祈祷。在民事案件中,书面的证词一般是需要的。在一些不是很紧急的案件中,诉讼人会被建议采取一种折磨的考验办法,这种事情他们总是拒绝的。一个装满黄油的大锅被加热到黄油熔化的程度,一白一黑两块石头扔进去。宣称有理的一方必须用手从中拿出白色的石头,以此证明清白,同时手不能被烫伤;如果黑色的石头被取出或是手被烫伤了,则案子就输掉了。但这种判定是非的方法,从来没被使用过;如果诉讼人承诺遵守结果,利用掷骰子来确定问题的方法更为常用。那个在限定数量的投掷中,投出最高数字的人会赢得这场官司。

然而,如果争议由于某种原因还是维持着或没有解决,两方采取的解决方案会是去某一个寺院,把所有有争议的财产交给寺院使用。

我非常清楚地记得一个类似性质的案件。争议的焦点是一匹马。两个人都宣称是自己的,都准备了差不多相同数量的证据,以证明自己的要求。案情非常复杂,但在案子审判之前,使我欣慰的是,双方都同意把争议的东西奉献给当地的寺院,整个事情就和平地解决了。这事说明了寺院的财富和权力,它们收到了来自人民的众多礼物和捐献物品。

事实上,民事案件非常稀少。在刑事案件中,惩罚犯罪人的罪行方面也没有太大的困难。西藏人是一个十分简单的民族,不会隐藏他们的偷窃行为;当被捕时,他们不会因此而惊恐,会全盘托出他们的罪行;甚至当他们被惩罚的时候,他们也会很优雅地接受宣判,从来不会忘记对惩罚或奖励他们的法官说"谢谢"(jooly)。

说几句关于邮递系统的事。每一个村庄都被安排向最近的村庄传递信函。当村庄之间的距离很远的时候,步行的邮递员在到达目的地之前必须要走多达 100 英里的路程,而他的收入非常少,以至于变成一种被迫的劳动。

财政收入以金钱、实物,或"强制劳动"的方式上缴。没有青稞的人则上缴羊皮、黄油、谷物、木材、燃料或者马。

强制劳动对人民的压迫性很大。它的支付没有固定时间,这就是使他们最恼火的事情。这对人民来说,是最重的经济负担。劳役用于公共事务,即从一个地方到另一个地方为官员们服役,也会为寺院服役。

尽管在现行制度下,对人民来说有很多优点,现行制度对以前的制度也有所改进,但西藏人民承认比较喜欢他们的旧制度,并认为当前制度是铁腕政策。旧制度则非常宽松,他们喜欢它。举例来说,如果任何一个人在土地上发现某种财物,他通过宣称"我在王公的土地上得到了它",就可以拥有这个财物,而真正的主人就得充分保持沉默。因此,他们不会欣赏刑事法律,也就不奇怪了。现行由英国统治者建立的法律,使压力大大增加。

在当地人和外国人的眼中,使得罪恶更加不可忍受的是,寺院的土地完全不用交任何税。毫无疑问的是,基于这些严酷的条件,大片土地未被耕种,只要西藏人认为喇嘛的存在比他们自己的存在更重要的话,西藏就永远是这个样子。在这个地区中,贪得无厌的喇嘛为了让自己强大,而越来越多地掠夺这里的资源,并将人民的能量转移到不近人情的轨道上去,只是为了增加他们的权势。

·欧·亚·历·史·文·化·文·库·

5 西藏地区[1]

西藏高原是地球表面上最高的地方。居住在这里的人民,每当他们成为研究的对象,他们的行为举止和习俗总是引起人们的极大兴趣。

毫无疑问,这一兴趣因为外国人被禁止进入西藏,特别是主要城市拉萨的原因而更加高涨了。禁果的香味总是异常的甜美。尽管有很多人试图探险和描述它,西藏还是一个不为人知的地方。很多欧洲旅行者的确都成功地到了拉萨,但几乎所有这些成功的尝试都发生在拉萨地方政府承认清朝的统治地位之前。从那以后,大量的私人探险均以失败告终,如果有谁成功,那是因为他们是在非常严格的伪装之下前去的。但他们很快就会被已经关注外国侵入者的很警惕的政府官员们发现,正当他们开始了解这座城市的时候,就被立刻遣返回去了。这种对于外来观察和刺探的厌恶,以及随后导致的当旅行者试图揭开西藏罗马的神秘面纱之时遭到驱逐的事,自19世纪以来都存在着。以前,一旦跨越了以崇山峻岭为代表的自然和生理的艰难,对于那些急切地想要研究迄今鲜为人知的人民的风俗习惯的旅行者来说,人们的歧视并不会造成障碍。

因此在14世纪,我们发现托钵修会修士(Friar)鄂多立克(Odoric)到达了拉萨。300年后,天主教传教士在极大的方便下到访过这一首府。他们通过克什米尔、尼泊尔或中国内地而进入西藏。但在19世纪,英国人曼宁(Manning)和两个法国传教士古伯察(Huc)及嘉伯尔(Gobel)秘密潜入,当他们正开始收获他们劳动的成果时,他们被驱逐出境。自此以后,以同一方式尝试的其他人——如赫赫有名的亚贝·戴斯龚丁斯(Abbe Desgodins)——也失败了。但是,每一次尝试都帮助我们掀高了这一隐藏在我们视野之外,横亘于喜马拉雅山北面的神

---

[1]译者按:原文为"The country",为尊重历史事实,改译为"西藏地区"。

秘土地的面纱。

人们不难理解的是,为什么陌生人会被禁止进入这个地区。西藏人口的1/6都是喇嘛——或是僧人;这个地区的绝大部分财富掌握在他们手中,法律意义上的所有权利都由他们掌握,而他们则根据自己甜蜜的意愿来管理人民。如果关于政府特权和民主的西方思想被引入人民中间,他们就会失去这一切。因此,他们试图使外国人远离这个地区,特别是远离拉萨,并利用清朝皇帝的权威来执行他们的禁令。实际上,他们对这个伟大人物没有多少尊敬之情;在某些地方,他的统治只是名义上的,在其他地方他一点不被认作是最高的君主。

西藏高原的四周由一些世界上最高的山峦环绕着。南边是喜马拉雅山山脉,北边是昆仑山脉(Kuen Sun Mountain)。这些山脉在西边聚集在一起,并在喀喇昆仑山(Karakoram)的帮助下,渐渐消失在帕米尔高原上。在中国山体的东部和东南部继续升高,形成一个高原,在某个地方海拔达到了17000英尺,而且没有任何一个地方海拔低于10000英尺。

西藏从东到西的长度据计算超过1500英里,它的宽度从西部的150英里到东部的700英里不等。这个地区的面积大约有80万平方英里;整个这片土地上只有500万居住者。

这片土地并不能很好地养活更多的人口。所有旅行者都只有一个词来形容这个地区的生产力——贫瘠。一年中的8个月,从10月到4月,整个土地、山谷、山峰和平原都被雪覆盖,湖泊和河流都冰冻了,寒风在整个地区刮着。在从5月到10月的夏天,变化开始了,特别是在西藏西部,可以看到相反的景象。不像北部的大平原,这一地区连接着一个深深而幽僻的山谷。这里积雪融化,形成汩汩山泉,树木葱绿,自然从她的雪床中醒来。在北部,绿草四处生长着,平原上覆盖着广阔的绿色地毯,有时在山坡上和山谷中也无节制地生长着。

西藏利用它的动物财富作为缺乏肥沃土地的补偿。刚刚提到过的草原支撑了庞大数量的野生动物,它们是作为牧民的西藏人的必需品,也是西藏人在突厥斯坦中部(Central Turkestan)、中国西部和印度北部

·欧·亚·历·史·文·化·文·库·

之间的商业地区从事贸易的承载者。

　　无论野生还是家养的,马匹和山羊数量都很丰富。他们还有公牛、骡子和绵羊。但这片土地上最特别的动物就是长毛牦牛。麝香鹿、羚羊、旱獭、牡鹿也有很多。还有野鸭、野鹅、雪野鸡和鹌鹑,可能运动者会对这些感兴趣,但所有射杀带翅动物的行为都是被禁止的。在海拔15000英尺的高度还可以发现鱼,最近的季节是藏历年的前6个月。

　　以上提到过的所有动物之中,羊是当地人的主要收入来源。羊毛是主要的出口品,并大量用以制作著名的克什米尔披肩。对于在这么寒冷地区所必需的燃料,西藏人依赖于他们的家畜和牧群。它们的粪便被搜集起来,制作成圆的蛋糕形状,称作"阿侯斯"(arghols),然后晾干,稍微技术处理一下就可以生一个舒服的火堆了。在西藏西部,有一种叫做"伯斯"(burtse)的小植物,经常被用来代替"阿侯斯"。

　　西藏还蕴藏着丰富的矿产,知名的有金、铜和硼砂。最后一种是出口商品,它通过自然蒸发从湖中采得。盐矿位于湖边的地壳之中。它被收集起来,洗涮干净,在太阳下晒干。金和银的出口很少,这些大部分都用来做装饰品。那里毫无疑问还有很多富饶的矿藏,但因为水资源稀缺而无法开采。金矿没有被开采的另一个原因可能是掘金者比其他任何阶层的人都更频繁地成为土匪的受害者。

　　作为西藏主要进口品的砖茶是从内地那里得来的;清朝政府希望西藏尽可能地维持西藏人地盘的原因之一是它发现那里是其商品一个非常便利的市场。砖茶用质量尽可能差的茶叶制作,然后为了出口而把它压成像砖块一样的硬块。砖茶在各个阶层都很受欢迎,需求量也很大。

　　西藏的河流系统应该提一下。西藏北部和中部的河流似乎都流入咸水湖之中,这些湖泊的面积每年都因为蒸发而减小。南部和西南部的河流经过深深的峡谷,在奔流中不断壮大,最后流进海洋里。西藏北部和中部整个河流系统,朝东方充当着分水岭的角色,红河(Hoang-ho)、扬子江和湄公河切过中国进入中印边界而流入大海;而在一个向西的方向,印度河(Indus)和萨特累季河(Sutlej)切开了喜马拉雅山,滋润着印度的平原。

气候在酷热和严寒这两个极端之间交替着,这一点不仅适用于一年中的各个不同季节,而且也适用于夏天一天之内的情况。长达8个月的严寒冬天之后接着的是4个月炙烤的炎热。这是由于空气极度稀薄,几乎不能遮住太阳的光线。白天的温暖尚未褪却,形成令人舒服的夜晚,并最终中止于冰冷的长夜。西藏人不得不在这样的气候下度日。他们不能迁出这里,因为这样做,他们就必须下到平原。在他们自己的居地和四周的平原之间,高度和气候相差是如此之大,互相交往是不可能的,下到低海拔的西藏人无一例外地得病并死去。

·欧·亚·历·史·文·化·文·库·

6　人民

　　因为西藏人和内地的人民都来自于同一血统,所以很自然地,他们和内地的人民有显著的相似之处。他们是又矮又小但非常结实的人,他们不但能够适应这里异常严酷的气候,还可以为了贸易利益在大篷车中忍受漫长的旅行。尽管存在这些生理特征,但他们容易害怕,有着一种非常懦弱的性情。任何武力的显示,不管怎么轻微,都会吓到他们。

　　他们的面相大都类似。总体上看,他们有着一双深陷的小眼睛,垂在一层皮肤之下。高颧骨下面长出小下巴,因此使他们的脸呈现出椭圆形。他们的鼻子平坦,压在鼻梁下面。他们仿照着邻近的内地居民的样式,也留着辫子,而小胡子和络腮胡一般都很少见。

　　妇女也拥有男人所有的坚忍品质;按照西方观念,就美感来看,她们是有缺陷的。当人们面对一个拥有取悦别人性质的标本时,这种愉悦则归功于通过表现出智慧、好的本质和镇定的综合印象。在他们的习惯中,人们都非常的脏。习俗是一年才洗一次澡。但是否大多数人遵守这条规则值得怀疑。贴在皮肤上的衣服从来不洗,而是穿到它们破成碎片之时。就像他们很少保持房间整洁一样。

　　谈论他们的性格更令人愉快一点。我们注意到他们拥有很多优秀品质,如果丧失这些品质,这一民族只会表现出好奇心,而并不会引起这样的同情。人们描述他们具有报复心,但这一冲动很少被激起,以至于不值一提。看见流血足以使他们吓得脸色惨白。可以肯定的是,他们有着愉悦的心情,是一个快乐的民族,从没有沮丧到不能欣赏一个玩笑,也从没有疲惫以至于高兴成为力所不能及的努力。他们对超过所需的事物要求很少,并满足于获得很少的东西。他们思想的状态最接近于诗人的理想。撒谎的恶习是由一些旅行者带给他们的。但是在某些情况下,当想给那些试图侦探这个地区的外国人以真实信息时,说实话将会对他们的生活立即带来危险,而且是刑事犯罪。有一个谣传说,三个人违反了法律,将被当局以一种残忍的方式执行死刑。并不怎么奇怪的是,如果西藏人的道德和品德的观念尚没有适应基督教国家的相同标准,他们本应该求助于掩饰而拯救他们的头颅。他们在陌生人身上执行着这样的道德,这是一种在异国从事间谍活动的道德。

除了当他们如痴如醉于青稞酒中的时候外,争吵极为罕见。而且争吵结束后,双方都不记仇。

他们对金钱很贪婪——这无疑归咎于侵入这个地区的商业精神——但尽管贪婪,他们对施舍却并不陌生,当时机需要,他们会自由地捐献。他们无论何时何地都崇拜公正和无私的行为。

在智力水平上,如果他们获得了足够的机会,他们就会同样地证明给世界上的任何人看。

西藏大体上被分为两个区域——北方和南方。北部地区形成了游牧部落的山地,南部地区由定居的人民居住着。

游牧民属于不同的部落,有着不同的名字,称呼他们中绝大多数人的名词是羌巴(Champa);他们在称作羌塘(Changtang)的广袤平原上放牧,因此而得名。除这些之外的叫康巴(Kambas),这么称呼是因为他们来自于西藏东南部的康(Kham)。康巴和羌巴像其他人一样,都是佛教徒(在藏语的意义上),但他们的儿子可以不做喇嘛。羌巴不能和其他部落通婚。这些游牧民的另一支被称为堆巴(Dokpas),他们不留辫子,但留着长发,被认为比其他两个部落的人都更有生气和更火爆一点。游牧民中的第四支是恰巴(Chukpas)或土匪,他们大批出没于平原上,通过抢劫那些无家可归的同胞来维持尚可忍受的舒适生活。这些土匪所运用的攻击牧民的方法非常简单。牧民住在帐篷里,当恰巴晚上来到一个未设防的帐篷前,他们首先切断绳子,使帐篷落下来,当里面的人们试图逃离褶皱的帐篷时,他们会将他们砍倒。所有牧民不管走到哪里,都会带着他们的帐篷。牧民们不习惯于农业耕种,也不关心土地生产出的东西,他们主要依赖他们牲畜的肉和奶生存。他们很少食用面粉,并将干燥的水果视为天赐的奢侈品。

欧·亚·历·史·文·化·文·库·

在该地区被克什米尔统治的一部分领土上,生活着大量的混血儿。这些孩子有信仰伊斯兰(Mahomedan)的父亲和藏族的母亲,并被人们称为"阿贡"(Argons)。双亲中的男性一般是到列城来做买卖或售卖商品,在他们逗留在那里的时候,他们引诱西藏妇女信仰伊斯兰教并嫁给他们。这种受到伊斯兰教批准的婚姻会因为商人的离开而解体;但西藏妇女的自由是非常大的——这个题目在本书的后面还会详细描述——当他们协议暂时结合的时候,双方中的任何一方都没有做错什么。

西藏人有等级制度,但和印度的等级制度相比,这一制度的限制是很少的。归属于低等级的只有铁匠和乐师,和更高等级的人通婚是被社会习俗所禁止的,除此之外,没有一点存在于印度的荒谬限制的影子。

一般人的服装比较简单,都是羊毛织成的,即由粗糙的、带有明亮色彩的布自制而成。男人和女人们都穿着折叠成双倍以上的长外衣,腰间环绕着羊毛绶带。穷人在腰以下就什么都没有了,然后是靴子和帽子,在某些情况下还特别地裹起来,他们的衣装是很完整的。当要睡觉的时候,穷人会脱下他们的长外衣,在地上铺开,睡在上面,脸朝下,膝盖蜷缩在胸口(这是他们驼背和驼胸的原因),然后把衣服剩下的部分裹在身上。他们在外衣里面饰以软毛,这些软毛通常来自于山羊和绵羊,多毛的一面贴身穿着。但自从列城成为中亚、拉萨和印度的贸易中心以来,有钱人,包括喇嘛和活佛,都穿英国制造的棉布、内地的丝绸和拉萨的上等羊毛。帽子通常都镶着黑皮边。他们还穿着由拉萨制造的僵硬纸张制成的一种奇怪靴子。对西藏人来说,多石和崎岖的地面,以及冬天刺骨的冰雪,需要防护措施,因此他的靴子是非常重要的东西。靴子的底子是由缝在两边的一块厚皮做成的;在此之上,缝着一块毛毡或是厚厚的毛布,一直覆盖到脚踝;腿则由缠了很多圈的毛毡绑腿进一步保护着。

在拉萨和西藏南部,除毛制品外,人们正在越来越多地使用丝绸,与此同时,英国和外国制造的棉制品和毛制品正在替代当地的粗糙制品。羌巴的衣着几乎和下部藏区的居民完全一样,只是他们中的某些人穿着羊羔皮做的长大衣,而不是毛布衣服。他们通常不习惯在头上戴任何东西。

西藏南部妇女的头型由于其新奇性而引起了外国人的关注;它也受到当地人自己的关注,因为它是着此式样头型人的财富水平的衡量标准。它包括从前额到后脑中间的鱼型毛毡,并用石头和粗绿松石装饰着,后者的价值有时从1先令到1镑变化不等。从靠近鬓角毛毡的那部分起,在两边有半圆形的布的垂片,用皮镶着边;它们从头发下穿过,遮住了耳朵。

这个头型叫做佩亚科(peyrak)。一个妇女的所有财富均浓缩在这之上。一个西藏人一眼就能从佩亚科的成本,估计出一个妇女的富裕程度。

西藏居民的房屋看起来很简陋,它们比用泥和石头或太阳晒干的砖甚至动物角做的简陋房子好不到哪里去,在这个地区是一个新奇的特征。在某些地方,他们自己挖洞居住,并认为这样比帐篷更加安全。因为当被强盗进攻时,他们能更容易地保护自己。在大一点的城镇建有更好的房屋和居所。然而,房子里没有通风设施,整洁的常规在这里也是不太可能的。厕所就在房子里,一年打扫一次;动物和人都居住在一起。每一个房子,除过那些最穷的,都有接待客人的常保持整洁的专门房间,但在其他房间,灰尘和污垢可以任意堆积。不管主人是穷是富,没有任何用来通风的设施。

更值得炫耀的房屋建有阳台,在上面可以接待朋友,自由品尝茶水和青稞酒。作为一个通常的做法,在西藏全境,动物,山羊、绵羊和人会一起居住在一个大房间中。

7 职业

西藏人主要从事游牧业和农业。一直伸展到羌塘北部的草原养育着大量的牲畜和野生动物。在这里,牧民喜欢赶着他的山羊和绵羊从一个地方游牧到另一个地方,并依靠它们所产的奶和肉来生活。在游牧的任何时候,他都能帮助商人把货物从西藏的一个地方运到另一个地方,他很乐意这么做,因为这能提供更多的运费给他自己和孩子。在西藏西部,大多数人从事农业生产。他们形成了耕种自己土地的小农阶级,在各种零碎收入的帮助下,他们努力缴纳强加在他们头上的税收,获取一份体面的生活。广泛种植的谷物是大麦。这对于他们不单是主要的食物,而且他们从中提炼加工成一种叫青稞酒的啤酒。大麦在一个大坛子里稍微加热,然后放在旁边一个星期,这时发酵就完成了(看起来有点奇怪,冬天和夏天发酵的时间相同);然后液体从中取出备用。用来做酒的大麦不会被扔掉,除非这些人非常富有;一般情况下,这些大麦会被风干、烘烤并捣烂成细面粉。这种面粉是他们通常的食物,它不和其他东西一起炒,穷人把它和青稞酒一起吃,富人把它和黄油、糖一起吃。在这里也种一点小麦和豌豆。在西藏西部,他们知道如何种植蔬菜,比如说土豆、洋葱、卷心菜和南瓜。在列城,传教士引入了德国蔬菜,而且这些蔬菜将无疑会散布到整个地区。在西藏西部,特别是在巴尔提斯坦生长的杏,在风干后被引入拉萨,在穷人中很受欢迎。果肉经常被烘干和磨碎,和水或茶混在一起成糊状,然后食用。杏产生出两种核,甜的那种被有钱人像普通杏仁那样使用,苦的则被用来榨油,以做点灯之用,这也被穷人像黄油一样用作食物。在西藏西部,杏子非常普遍,以至于不难看到一些因为过多地使用牙齿嚼甜杏仁而掉了牙的年轻男孩。

茶叶受到各阶层人民的大力欢迎。家里和社会上都要喝茶。每人都有一个自己专用的木制茶杯,睡觉也不离开,每当他呼朋唤友的时候,就拿出来招待朋友。茶以一种奇怪的方式处理着:叶子首先要煮沸腾,打成浆状物,然后加入黄油,并充分地搅拌,最后加入奶、盐和苏打,这样茶就泡好了。农业的耕作方式非常原始,几乎仍停留在亚当时代。他们会在 6 月开垦。地上先浇一遍水,水是通过运河引入的高山的积雪融水。这种供水系统经常导致争端。山上侧面的几块地依赖于同一条渠来获得灌溉供应,在特定的日子,这些在无法追忆的古老年代所确定的河流必须改道。因此,当某天冰雪不再融化,农民看不到他的涓涓细流时,他会立即去祈祷,而不是等待神圣的喇嘛开恩。他会修建一堆祭坛,祈求阳光照耀,这对他来说就像是印度人在祈求下雨一样。当水流过来了,耕种又开始了。然后是施肥。这种施肥是人力施肥,而且他们非常地重视,家庭里的任何成员都不会袖手旁观。此后就是播种谷物,覆盖泥土,当它成熟了,在收割的时候就会被连根拔起。打谷的方式与印度相同。所有的麦秆被收集起来,然后公犏牛(Zo)或母犏牛(Zomo)——牦牛和黄牛的杂交品种——就会去践踏,所有的谷粒就被打掉了。这样做是从经济的方式考虑的。在所有这些都被收集之后,谷物中剩下的就会被用作种子,来年继续生长。

农业耕作者在冬天休息,并通过开着大篷车从一个地方到另一个地方运送货物,而增加他们微薄的财产。他们的收入非常微薄,不单因为他们必须缴纳沉重的税,而且因为每一个拥有土地的人都必须给政府捐献一定数量的强制劳动。这种压在每个土地所有者背上的负担导致了他们不得不离开农业生产,而加入运送货物和商品的职业之中:如果这些税收和强制劳动不存在的话,很多可以有很好收成的土地就能够被耕种了。

货物是由骡子、小马、驴子、牦牛、绵羊以及男人和女人负担的"大篷车"来运输的。这些被用来扛货物的动物都天然非常适合这项工作,以至于它们可以毫无畏惧地在山崖上的狭窄小路上行进。陡峭的悬崖在山的一边突然升高,另一边却是险峻的峡谷和奔腾的激流。一个领路人足以领导一支 100 匹或更多牲口的队伍。一般情况下,有大量的人保护"大篷车",使其免于被抢。领路人在他自己的动物的脖子

·欧·亚·历·史·文·化·文·库·

上系了一串铃铛。只要铃铛响，"大篷车"就会继续缓慢行进；如果他想暂停的话，他只要停止铃声，整个队伍就会停止下来。牧人领导的"大篷车"队伍由绵羊组成。这些动物敢走路，敢爬山，其他动物都害怕得不敢走这样的路。当穿越雪地和冰盖的时候，牦牛的"大篷车"队伍就特别地派上用场了，这些动物脚底不会打滑，因此使冬天进行贸易活动成为可能。主要的交易中心有拉萨、日喀则（Shigatse）、噶大克（Gardok）、日土（Rudok）和列城。贸易以一种物物交换的方式进行，以至于买家和卖家都不得不带着"大篷车"队伍以支付对方。贸易在这4个城市，以及突厥斯坦中部、中国西部和印度北部之间进行着。

妇女总是很繁忙的，她们甚至比男人更加辛劳。她们不但帮助丈夫在地里干活和帮着扛货物，而且当没有其他活的时候，她们会乐于去做一些使她们成为节俭主妇的工作。裁剪和针织是她们最喜欢的活动。印染也在家里完成。织布是留给男人去做的事，但在这方面，他总是女人的助手。他们所使用的"机器"与有时在印度的土著村镇见到的有些类似，那里文明的光芒还没有照射进来。几乎任何东西都由牦牛和绵羊的毛做成，甚至绳子和用来装东西的袋子也是这样。

作为基础性质的教育在人们之中成为时尚。每个家庭必须产生至少一个喇嘛，并期望能熟练地阅读按照喇嘛教义编著的书，这个喇嘛一般会引导他的那些不太受偏爱的兄弟培养出一种爱学习的兴趣。因此，每一个官员，不管多么低微，都能够读书写字。外国人会很惊奇地发现，在西藏人口中有非常大数量的一部分有文化的人群。我们已经说过，喇嘛占到了西藏1/6的人口。他们中的大多数是托钵僧，从一个地方游荡到另一个地方，西藏人口中不缺乏这样流动着的教师队伍。

技术性高的艺术也在某种程度上得到了发展。技巧娴熟的工匠可以制造出非常精美的手工艺术品，但在构想的丰富性方面总是缺乏的。在这一方面，拥有自己的木匠、铁匠和其他工匠的喇嘛寺院进一步得到发展，他们的作品显示出更加高超的技巧、更好的品味和设计。

一般的木匠用5种工具工作，锯子、刨子、凿子、斧子和小锤子。这些工具中的大部分仅仅处于一种"原始的"状态，但他做出的东西应归功于他高超的技艺。他在木材上娴熟地雕刻着两种花纹,这主要是用来雕刻铅笔柏和柳树的。石刻是一种非常重要的行业,特别是在拉萨。茶杯、水管、做饭用具、鼻烟壶等都是由某种颜色和样式的石头雕刻而成的。这些石头如此的稀罕,以至于一个鼻烟壶有时就值 10 英镑之多。

铁匠因为其作品受到旅行者的赞扬。马刀的刀锋据说做得特别的好,其他的武器也有其自身的优点。因为需要燃料,熔铁只限于非常少的几处地方。其实西藏有很多处铁矿,如果这一困难能够克服的话,这些铁矿都能被很好地利用。

富人的器皿一般是用铜制成的。茶壶和水壶以及其他各种物品都精雕细刻。墨水瓶和烟斗也都由同一种金属制成。在河底发现的黄铜被用来制作崇拜的物品,特别是在西藏最为常见的祈祷用的转经筒。

珍贵金属方面的工匠需求量比任何那些刚刚提过的工匠都要大。同一个工匠在印度既是金匠又是银匠。西藏人民像印度人民一样,把他们所有的收入都投资到了装饰品中;他们完全厌恶任何虚假和不真实的东西。寺院里的金属品工匠在其作品的质量和花样上,都远远超过了世俗的工匠。银制的转经筒、雕刻着金子的号角、权杖、香炉和塑像都需要更加精巧的制作,而且比其他地方所见的东西有着更好的磨光。

我们已经说到,西藏人是一个农业民族;因此,结果是,他们之中经营商店的人即便是在主要的城镇,数量也非常少。某种意义上说,每个家庭是他们自己的店主,家庭几乎都是自给自足的。它有自己的谷物仓库,各种各样的牛群。尽管处处可见一些专业的织布者,但家里可以纺织。

货币作为交换媒介正在渗入这个地区。以前,这里使用的是中国内地、尼泊尔和克什米尔的硬币。然而,现在因为英国硬币在克什米尔已经使用,于是也就流行到了西藏。他们也用"亚姆博"(Yamboo)银块,其中一些面值相当大,价值 11 到 12 英国先令,但是它们主要被用作储藏。一般来说,商业交易仍以物物交换进行。交易差额一般不为

·欧·亚·历·史·文·化·文·库·

人所知;在一些地方,他们用一个有刻度的横梁,通常是在一端挂一个盘子,另一端挂一个固定重量的小的重物。谷物和盐都用木杯和装满稻草的毛袋子来度量。布匹可以用手来衡量——这种测量方法最自然地显示出这是一个简单和尚未开化的民族。

尽管琐碎,但与什么都不说相比,这些细节帮助我们得到了关于西藏人的更好信息。留给自己的想法从填满很多的细节中缩减了,这些细节应该只作简洁和短小的描述。但是,我们认为在这一空间中饰以尽可能多的血肉会比只允许存在一个骨架更好一些。

8 出生

前面主要描述了这个地区、居住其中的人民和他们的职业状况。下面的章节将会讲述每个人人生中的三个重大事件:出生、婚姻和死亡的仪式,再顺便说一点关于妇女社会地位的题外话。

孩子的出生被认为是一个令人高兴的场合。在孩子出生一个月以后,所有亲戚汇聚在一起,参加宴请。每一个客人给母亲带来一件礼物,这件礼物将被当做这个场合的纪念品而保留。客人在聚会中坐着或蹲着吃饭,聚会以喝青稞酒而结束,这是他们的民族饮料。

关于这些礼物的礼节是非常严格的。根据出生、婚礼和死亡的不同场合,礼物也是形形色色的,出生和死亡也存在差异。每一个送出和接受的礼物在家族的记录中都有详细和准确的记载。如果有人在某种场合已经接受了一件礼物,他就必须在一个相似的场合中给送礼人回赠双倍价值的礼物。这个环节轮流着循环下去;但如果朋友关系终止的话,同等的礼物则要被退还回去,而如果不自愿返还的话,则会通过民事法律诉讼而索回!

有钱人家的女孩的诞生比普通人家更加令人欣喜。在很多方面,如果把西藏人与印度人的想法和习俗放在一起比较,二者会表现出截然不同的状况。特别在这一事情上,这种反差可能更大,西藏人和印度人是截然相反的。一对印度夫妇的第一期望是要一个儿子,而西藏富有的母亲和父亲第一个和最迫切的期望则是女儿的诞生。在她结婚的时候,她将成为其父母双重幸福的来源:根据西藏地区的习俗,她不会被要求到她丈夫的家里去,相反,丈夫将会被要求到她的家里去,即他的岳父母的房子里。术语"新娘"和"新郎"会变换位置,而且这不仅仅是名字的变化;那个我们称之为新娘的人将管教她的"新郎变成的新娘",他此后将在生活中容忍着怕老婆的痛苦。第二个高兴的原因是这家人通过这样的联姻得到了一种有价值的——甚至如果不愿意也没

·欧·亚·历·史·文·化·文·库·

有酬劳的——仆人。世界上唯一能达到"一石二鸟"的效果的,正是在一个富裕的西藏家庭出现一个小女婴儿。

西藏的妇女借助一种简便办法来保护她们婴儿的生命,并保护他们安然度过西藏严酷的气候。她们就是把山羊的粪便用棉布或羊毛制成的袋子裹起来,然后把孩子放在里面。通过这种方法,婴儿身体的温度可以很好地保持着,直到这个孩子能够更好地忍受外面的严寒。在这个摇篮里,唯美主义是有点恐怖的,孩子在里面会呆一段时间,从一周到一年不等。

孩子在出生一年之后,进行"洗礼"仪式。孩子被带到某个著名的喇嘛面前,请求选一个名字。这位喇嘛会很庄严地做这件事,并根据家长的经济能力收取财物。接受洗礼的一方回到家里,照常吃喝和快乐地生活。如果这个男孩要成为一个喇嘛,他会接受除名字之外的一个头衔喇嘛 – 贡却(lama-kunjuk),即神僧。

再回到妇女的社会地位问题上来。这里流行着的观念将会震撼印度人的神经。甚至毫不夸张地说,欧洲流行的观念明显地和这里流行的观念相左。妇女享有完全的自由;事实上,那些不走运的男性需要在未来某一时间激励自己争取个人权利。就现在的情况而言,男人设法过着一种丧失大部分权利的生活。但这片土地上的法律和不成文的习俗,都没有禁止把男人自己的地位降低到这种社会束缚之中,使他们从属于女人;而在英格兰,女人被人们用形容词"被踏在脚下"来描述——这一术语在描述与妇女的社会状况相关内容的时候非常多地被使用到。社会事务可以如此地颠倒过来,这也不是完全没有可能。在欧洲,不知他们会对一个掌管着充满一大群男牧师的修道院的女修道院长说些什么。

西藏的妇女不受任何习俗的束缚。她们可以毫不掩饰与男人自由地混居在一起,并和他们一起追求商业利益或快乐,也一起分享他们的辛苦,帮助男人从事农业耕作。

他们的社会戒律中没有一夫一妻制。婚姻的所有形式都共同存在着,而且一妻多夫是很正常的事。大多数人都在这种家庭生活的基础上行动,而且许多妇女可以拥有多达四个丈夫。西藏的一妻多夫制比伊斯兰世界的一夫多妻制更加普遍,原因是一夫多妻制是一种昂贵的制度,现实中只有富人承担得起,而一妻多夫制是一种经济的安排。这种制度一定是某些精于世故的政治家考虑到这一地区的贫瘠、移民的艰难等经济条件后施加给当地人民的。还由于这一事实:西藏人适应了高海拔环境以及寒冷的气候,使得他们下降到低海拔地区肯定会危及他们的生命,这一切使得控制人口变得极为重要。这一想要达到的目的确实已经达到了:人口过多——贫穷、苦难和犯罪层出不穷的源泉——是一件不为人知的事情,而且这里的人民一般都很富足和幸福。

一妻多夫制的地区是以这种方式建立的:一个家庭里最年长的孩子到了可以结婚的年龄,就要考虑寻找一个妻子,或者他的父母帮他物色。当选中一个新娘时,婚姻就发生了。如果这位年轻的丈夫有几个兄弟,他们就因为兄长已经成婚的事实,而成为了这个新娘的另外几个丈夫。在这件事上,妻子是没有发言权的;不管她是否喜欢稍年轻的兄弟,她都必须接受事实,而且一般都这么做了。最年长的兄长也无法抗拒这种安排。值得注意的是,丈夫和妻子对于这种奇怪安排,若无其事地漠不关心和坚忍地麻木不仁。一个妇女在同一家庭中不能拥有三个以上的丈夫。有时妻子并不满足于三个兄弟丈夫,而在这个家庭之外再选择了第四个丈夫。但这是非常罕见的。

在欧洲和基督教国家,那里一夫一妻制是惯例,妇女们无法意识到亚洲国家的妇女如何忍受一夫多妻制,也无法想象几个妻子如何没有明显差异地分享一个共同的丈夫。但西藏的性别平等却代表世界其他国家的姐妹们对更严酷的性别进行了报复,她们使得几个丈夫克己坚忍地共享一个共同的妻子。这个地区的妇女使旅行者确信,她们从内心可怜她们只能拥有一个丈夫的西方姐妹们,因为她们无法了解对于任何一个富有和财富充足的女人来说,怎么可能不去奢侈地享受几个丈夫,而这些丈夫努力使他们共同的妻子过得舒适和享受家的温馨。

这种奇怪婚姻生出来的孩子会被认为是最年长丈夫的孩子。他们承认所有的父亲,并替他们年轻的和年长的父亲们说话。可以想象的

·欧·亚·历·史·文·化·文·库·

是,爱从孩子这一边传递到父亲们那一边,并没有流失多少。

偶然会发生的是,孩子们有一个习惯,每当他们发誓的时候,他们都会以他们母亲的身体(ame-she)起誓,这是他们所知最接近他们心中的神圣事物。

术语帕巴(Pakpa)一般用在新郎之上,并和英语单词相对应,就像是西藏思想可以与英国思想相对应一样。假如这样的话,新娘就会成为玛巴(Makpa)。但如果这个新娘属于更高的一种,被引导进入了如上所述的一个充满极度欢乐的世界,这个新娘会宣称,并令人满意地宣称成为帕巴。她总是很富有,因此独立。她不会去她丈夫的家里,然而这个可怜的家伙必须到她家里。因此这个丈夫自然不能将他兄弟带到这个新家庭里。作为玛巴,他是妻子的一种财产,可以随时被赶出家门,尽管这非常罕见。然而,当分离确实发生的时候,这个女士会给她的前夫几个卢比或一些礼物作为补偿。很难猜出这些补偿究竟是为了什么;可能这些是为了安抚他受伤的心灵,然后她再去寻找另一个更心甘情愿的奴隶。毫无疑问地! 如果他知道一个玛巴新郎的命运的话,这位时代的落伍者(Rip van Winkle)将会更加耐心地忍受他妻子的恶言恶语。

一个玛巴的宣称似乎并不足信。我将根据我个人感知的事实来说明这一点。有一个噶伦(贵族)南德·拉姆(Nand Ram),是前任首席大臣家族的成员。他年轻时就死了,家里留下一个寡妇和一个女儿,但他还有同父异母的一个兄弟,即他的噶伦父亲格宾德·拉姆(Gobind Ram)和另一个母亲所生之子,是一个年仅11岁的小男孩,居住在罗布拉山谷(Nobrah Valley),他拥有继承父亲财产和头衔的某些权利。这个可怜的男孩被带回了家,被接收成为一个玛巴,作为其已逝的同父异母兄长的妻子的丈夫,而她已经25岁了。过一段时间之后,这个可怜的玛巴青年,尽管有权继承父亲的财产,但是还是被他的夫人(寡妇)随意遗弃,一直一无所有,直到寡妇和她的女儿死去,克什米尔政府出面帮助了这个男孩。

一夫多妻制也是允许的,但西藏人太穷,以至于无法在一个家庭里面养活多于一个的妻子。只有某天他们为从附着在土地所有权之上的强制劳动中解脱出来,而有必要生育孩子,才会迫使他们娶更多的妻子。如果一个男人很有钱,或如果他的第一个妻子没有孩子,他可能会再娶第二个妻子,而如果她还是没有给他生个一儿半女,他则可能会再娶第三个妻子。只要她们都活着,他就不能再娶第四个妻子,但如果她们中的任何一个死了,他就可以通过再娶,而填补这个空缺。如果一个男人和他的兄弟共同拥有三个妻子,而且她们都没有生育孩子,则他们不被容许娶第四个妻子,但另一丈夫可以被叫进来帮忙,如果这个计划也失败了,第五个丈夫也可以加进来。至此,达到极限,为了延续这个家族,不得不借助于人为的收养制度,收养孩子的选择权利属于最老的丈夫和第一个妻子。

这三种习俗的存在有效地帮助了将人口控制在正常水平。人口过量不是唯一需要避免的不幸,作为另一个极端的人口递减,也是不得不防止出现的。如果只有一妻多夫制在实行着,这个地区将很快耗尽它的人口。比如说,通过执行这种制度,会有更少的男人和女人,他们也会更加富有,因为现在土地已成为更少人拥有的财产。男人增加一夫多妻制的婚姻,妇女在任何可能的情况下和沦为时代的落伍者类型的丈夫结婚,这样人口的平衡就会很快地恢复了。

一妻多夫制据说会导致麻风病。无论提出什么原因反对这一行为,这种指控都肯定是毫无根据的,因为在西藏,麻风病几乎从来未被人所知。

9 婚姻

　　一离开印度这片存在孩童婚姻和强迫守寡制度的土地,进入到西藏,一种暂时的安慰便占据了我的思想,因为我发现在这片土地上,孩童婚姻,如果理论上是可能的,现实中绝不会出现,而且一个妇女不会束缚于社会规则,而在她剩余的岁月中一直守寡。在西藏,一个女孩可以在其10岁之后的任何一个时间结婚,但佛教徒和阿贡中类似的一般规则是在她们生活安顿好之前,等到她们至少14岁才能结婚。一个年轻男子一般在他大约20岁的时候结婚;而和他分享妻子的兄弟们,则要等到14岁到18岁之间才能成婚。

　　男女之间的订婚,是一个男女双方都没有任何发言权的事。在知名媒人、善良的年长亲戚的帮助下,焦急的父母安排了整个事务。新娘的美貌被认为是一种没有什么价值的方面;一个漂亮的女孩肯定会带来麻烦,所以理性的佛教徒把这一品质放到后面考虑。真正更加重要的是财富,而且除此之外,如果一个女孩拥有成功地管理好财富的必要本领的话,将能够补偿她所拥有的任何缺点。当一个年轻男子的父母已经选定了一个新娘,从他们的角度出发,她拥有成为一个合适新娘的一切品质,然后就会请喇嘛来咨询一下,像印度的印度教徒一样,他们查阅经书去看是否两个人的命运在同一条路上。如果答案是不好的,这种婚姻必须被放弃,亲戚们第二次大伤脑筋和更加急切的讨论又开始了,这一结果可能会导致更加幸福的选择。如果这次的结果就是不错的,订婚就会被确定下来。在西藏,存在着一种奇怪的订婚方式,是值得注意的。它是极为稀奇古怪的。当一个拥有财产的男孩被独自留在了世上,他就会马上与某位成年的妇女订婚。这个妇女在他的童年充当他的保姆,并在他长到可以结婚的年龄时进入妻子的角色。嫁妆对爱钱的西藏人来说,是一个极其重要的问题。在订婚的时候嫁妆就确定了,但直到结婚的时候嫁妆才支付过去,有时嫁妆的支付也会延迟到婚礼之后。订婚与结婚的间隔或者求爱的时间，从几周到一年不等。在订婚的日子里，这个"新郎"带着一碗青稞酒到他未来的妻子家里，人们聚集在那里确定婚礼的日子。当那一天终于到来时，新郎就有责任把此后的每一天都献给他的妻子，分享他的食物和青稞酒。在几天之后，"新郎"有义务依照自己的经济实力，送给岳母价值不等的礼物。

我们继续讨论婚礼的仪式。程序是既离奇又有趣的，值得研究一下。在婚礼前一天晚上，新郎家的亲戚会聚集在他家里，新娘家里又是另一番聚会的欢闹场面。5 到 7 个人组成的一帮人，包括新郎在内，开始用固定的形式求婚。他们来到房屋围院的门前，会发现大门已经让新娘的男性亲戚守卫好了，他们不让新郎进门。然而，他们将会被金钱所收买，这个热情洋溢的新郎最后还是会进去。在进入院子之后，另一个在房屋门前的困难在等着他，女人们会装作对于闯入非常气愤，用小棍子抽他。但任何困难都不能吓退这个英雄，他点燃了有着可怕效果的、象征财神礼物式样的爆竹。愤怒渐渐缓和下来，反对者的气焰也平息了。然后他进入房间，那里有一个不同的接待等待着他和他的朋友。新娘的人会款待他们一桌丰盛的酒席，吃到他们吃不下为止。除新娘之外，每一个人都在这里，喝青稞酒，纵情享受音乐和跳舞直到早晨的几个小时。然后，伴郎在几个老年人的陪伴下走到厨房里，跟着的是新娘的父母和亲戚。新郎不是他们中的一员。客人坐下，每个人把自己的茶杯放在面前。新娘的两个亲戚，男女各一，绕着圆桌转圈；前者给茶杯中倒满青稞酒，后者手里拿着一个棍子随意用在那些不胜酒力的客人身上。这个情景结束之后，他们走到房子的另一边。这里新娘和新郎的两个代表站起来开始唱诗，每一个都在赞美对方所代表的那个人。这些诗句不是即席的创作，它们都取材于这个地区业已存在的很多结婚歌曲。有时要唱多达 40 首曲子。第一首是代表人歌颂新郎的诗句，这个代表也是新娘的亲戚。这会被另一方以歌颂新娘的方式予以回应。当这个人或另一个人再也记不住，唱诗无法进行下去的时候，这场表演才会结束。这实际上是一场智力竞赛，那个无法回应对手的人将不得不付一笔钱，如果他没有钱的话，就会被罚一头山羊。

欧·亚·历·史·文·化·文·库·

现在这场演出的大幕徐徐降下,下一场表演集中在接待室或接待大厅。一条绳子穿过整个房间,新娘的父母在上面悬挂着好看的衣服和装饰品,以及一个装着钱的盒子,这些都会随着新娘一起送出。送出的所有东西会被列以清单,该清单会被作为这一场合光辉的纪念品珍藏下来。男傧相掌管着一切事务,然后最终他会记得就什么是非常正确的进行总结。此时天色渐渐暗淡下来,如果新娘被交给他的话,他会非常高兴的。

在此,另一个困难出现了。事实上真爱的道路从不会平坦,至少在多山的西藏是这样。新娘找不到了,她的不喜欢分别的年轻朋友已经把她藏起来了,亲戚们也不能在哪里找到她。大家尝试老办法,并成功地找到了她。新娘被带到前面,但是此时她已经泪如雨下,被引导着与她的母亲辞别。她拥抱了她的脚,象征着明显地屈从于新郎的选择;她也同样地拥抱了她所有亲戚的脚。然后男傧相给她头上戴上了一顶宽边帽,并用一个象征性的围巾把它系紧。这做完了之后,她的叔叔走上前来,把她背在背上,走到一匹备好的马那里。接下来,这个仪式将继续在新郎的房子里进行。所有人都骑在马背上。男傧相前头领路,紧接着是新郎一边的人。之后是新郎,他按照东方的习俗跟在新娘后面——整个一天他们之间都没有交谈过,也没有交换过眼神。再后面是吵吵嚷嚷着的新娘的朋友、乐师和围观者。当婚礼的队伍在去新郎家的路上途经房子和村庄的时候,村民就会出来,奉献"萨托"(sattoo)和黄油。男傧相碰一碰这些东西,表示接受,并回赠奉献者一些小礼物。

在到达新郎家的时候,门是开着的,门前有一些喇嘛。新郎和迎亲队伍都下马了:在此,这个毫不浪漫的年轻人终于有机会开口说话了,但这只是叫他的新娘下马。回应他请求的是一通比以前任何时候都要厉害的哭泣。任何事情都无法诱使她下马,除了见"万能的金元"(almighty dollar)或西藏人使用的任何货币。这对夫妻站在双手合十、鞠着躬和念着经的喇嘛面前。低阶的新喇嘛手捧着书,大喇嘛主持,在他继续诵经的时候,他摊开攥有米和大麦的右手,用左手轻拍一位戴着铃铛的人。然后，新娘的队伍进入新郎的房子。在房子里，他们看到两个神秘的标记，是由喇嘛们用大麦或其他谷物描绘在地板上的。其中之一指示出新娘要坐的地方，另一个则是新郎要坐的地方。在它们之间放着一大堆谷物，在谷物中间插着一支箭头涂有干净黄油的弓箭。此时，新娘的母亲出来给这对新人献上青稞酒，在这之后，一个喇嘛在他们身上洒下圣水。这样结婚仪式的宗教部分就完成了。下一个项目是婚宴。这就和世界上任何其他婚宴一样令人高兴和快乐了。唯一的区别在于西藏人以西藏的方式分享食物。在晚上，新娘穿上她最好的衣服，戴上所拥有的所有珠宝，在她丈夫的陪同下，把自己展示给对她羡慕不已的一大帮朋友和亲戚。这可以被视为一个西藏式的"出镜"（coming out），相当于英国的出镜。准确地说，西藏的仪式都发生在结婚之后，而欧洲的婚礼仪式则在结婚之前就举行了，但这也和这里事物的混乱状态相一致。"出镜"之后紧接着的是男人和男人、女人和女人的舞蹈，这也和英国的惯例是相反的。新郎和新娘在他们可以自由休息之前，必须跳某些舞蹈。当他们走了之后，欢乐在没有他们的情况下依然继续，第二天聚会才散去。在第八天，这对新婚夫妇会拜见他们所有的亲戚，在此之后，他们才回到家，开始他们的婚姻生活。

如果新娘和新郎的父母太穷了，以至于不能承担一场一般婚礼的费用，他们会安排让这个新郎一天晚上偷偷来和他的爱人私奔，而免去了民间仪式和宗教仪式。然而，如果他们的收入允许，他们可以在私奔后一年左右，再补办一次合乎习惯的婚礼，但不办婚礼并不能使这个婚姻失效。举办一场婚宴是最合适的事，因为提供它满足了主办人的虚荣，同时更重要的是，如果没有举行这样的婚宴，那么新郎就不会收到只有在这种场合才会被给予的有价值的东西。

西藏人在这一点上形成了一个非常超乎寻常的——但是非常不方便的——荣誉感。因为如果父亲不能负担女儿结婚的费用，会被认为是最大的耻辱。在1895年11月份的一个早晨，我被朋友白山·达斯叫醒。他告诉我，在龚帕村子有人自缢身亡了。这是一种非常常见的自杀方式，因为他们买不起左轮枪或毒药。通过询问，我们了解到，这

·欧·亚·历·史·文·化·文·库·

个不幸的人没有为自己长大成人的女儿举办婚礼的资金,他不能忍受这种耻辱,所以才寻了短见。此后,我还知道了其他几个类似的案例。像其他国家一样,自杀死亡后很少举行仪式。

如果婚礼仪式被拖拉的时间太长,当进行了仅仅一半的时候,男傧相就会做出暗示,表示事情应该快点过去。离婚的礼节比人们所预期的更加简化。这种仪式只包括弄断一根两头分别系着丈夫和妻子手指的线。

丈夫的死亡给了妇女一种权利,如果她选择执行它的话,她就会通过这个仪式而和她死去的丈夫离婚。更年轻的丈夫们因此也就释放了她,并不能阻止这个仪式的举行。事实上,当一个妇女已经有孩子的时候,她很少和她死去的丈夫离婚,因为他们要继承家庭财产,年轻丈夫们的地位继续处于继承人的地位之下。然而,如果她坚持要离婚的话,所有大于8岁的孩子将会判给他们年轻的父亲。她自己自由了,当地的习俗允许她还可以结婚9次,但在9次的再婚之后,她必须满足于此而保持守寡。如果是离婚,任何女方在男方死后一年之内再嫁被认为是不合适的。当妻子死亡时,同样的规则也同样适用。

如果一对佛教徒的夫妻不能达成一致,他们会把争议交给一个仲裁者处理,如果仲裁者认为事情不能妥善安排,则决定他们必须分开。每一方保留着他或她自己的财产,只要“脾气不合”是分手理由的话,双方就都不会感到耻辱。8岁以下的子女跟着母亲,直到达到那个年龄为止;然后他们被让给父亲,最后成为父亲的继承人。除了作为“玛巴”丈夫的情况之外,一个西藏妇女不能违背丈夫的意愿而和他离婚,但一个男人可以因为通奸而和他的妻子离婚。在这种情况下,认定罪行并不需要详细的证据,除非他的妻子有罪大恶极的行为(in flagrante delicto)而被人鄙视,一个男人才能起诉他的妻子。这种原因的离婚是非常罕见的,这种冒犯被看做是侵害私人财产权,而不是更加严重的事情。结果,如果犯了过错的妻子愿意回到丈夫的身边,后者一般会考虑收受妻子情人的一笔钱财而息事宁人。如果这个妇女拒绝回到丈夫的身边,后者可以和她离婚,并得到她的所有财产。如果是为了任何其他的理由,他希望和她离婚,而年轻的丈夫们不同意这样分开,她就不得不给他们提供足够的土地,以至于可以满足他们的生活需求,并使他们能够以他们自己的名义建设自己的房屋。

10　医学

　　我们已经提到了从世俗的观点出发,在西藏流行的关于妇女地位的颠倒错乱的一种状况。这方面的另一个例证表现在治疗疾病的方法上。在西藏人的想象中,人的周围世界有无数的精神、形状、阴影和魔鬼,当任何人得病了,他都会娴熟地诊断说魔鬼已经进入了病人的身体之中。因此,病人的第一要务是除掉魔鬼,于是他会跑到某个自以为万事通的人那里,从他那儿得到治病的灵感。这包括一张写着经文和灵魂转世的纸片。他要把纸片挂在病人的脖子上,或有时揉成一团让病人吞下去。当发现这并没有起到预想效果的时候,就会去找附近的喇嘛,喇嘛的治疗方式和前者一样简单。他用泥土做一个小人,点燃光焰四射的灯,并开始念经,魔鬼被引诱得从这个病人身体中的居住地转移到了小陶人之上。然后这个陶人被烧掉,魔鬼因此就被摧毁了。

　　这种治疗以一种奇怪的方式为我所认知。我前面已经提到过,我的朋友莫罕拉尔正在受着腹股沟腺炎的折磨,在我的建议下接受了我的医学治疗。一个晚上,我听到他非常难受,所以我去了他住的地方,但使我惊奇的是,房子里不少于 20 个喇嘛在进行一种奇怪的仪式,这使我想起了麦克白(Macbeth)的巫婆。151 盏点燃的灯围绕着一个泥土做的莫罕拉尔真人大小的塑像,塑像穿着病人的衣服——那里还点着香,喇嘛正在大声制造噪音,玩弄着他们粗糙的工具,喝着摆成一行行的茶杯里的茶水。使我惊奇的是,我发现我的病人正在经受精神疗法,对使他痛苦的腹股沟腺炎的治疗,莫罕拉尔承认他只是出于尊重而来咨询我,但他从来没有按我的建议治疗,或是用我的药,他完全依赖喇嘛和他们的治疗方式。我还看到一个护身符被系在了腹股沟腺炎发炎的部位。喇嘛的治疗毫无效果,他被转移到了克什米尔,在那里他不会受到喇嘛的干扰。他在某一个印度外科大夫的治疗下渐渐好转。但这也被证明是不成功的,所以下一个治疗方案是找来一群喇嘛到这个病人的房间,并祈祷他快点康复。喇嘛们是这家的客人,只要这个家庭的经济条件允许,他们就会一直待下去,来这里的喇嘛数量和他们的祈祷都因为同样的考虑而有限制。如果这一治疗没有什么效果的话,结论就会是喇嘛的尊严不足以驱赶恶魔的影响,他们必须派一个住持来,穿着他祭祀时的衣服来治疗这个病人。他的方法是非常可怕的:他和其他人一样点着灯,但他并不满足于念经和符咒。他有一个锋利的铁器,用打眼锥这个词形容都太温和了。他用这个工具开始用一点力在病人肚子的皮肤上钻,希望以此把魔鬼搞出来。似乎这个不幸的年轻人遵从了这个指令,他已经痛得无法忍受了,他没有其他选择,只能说他感觉好多了,魔鬼已经走了。但治愈是假的,病情蔓延开了,现在他终于开始在正确的道路上寻求解药了,他去看了内科大夫。这种颠倒错乱还能更加完整吗?这个西藏人在试过每个人和每一种方法均告失败之后,才去咨询内科大夫。欧洲人和有文化的印度人都会先去看大夫。人们可以预期到,对于喇嘛念经效果的信念将会因他们的失败而动摇,无疑失败是很多的,但不应该是这样。如果医生帮助这个病人康复,所有的功劳都归于喇嘛,他们坚持认为病是在他们念经的效果之下才好的;但如果病人死了,西藏人的逻辑是归咎于医生。谁能比驱魔者更难辞其咎?这里的医生形成了一个世袭的等级制度,他们可以通过在拉萨经受课程训练而极大地增加职业声望。他们对付任何内部和外部疾病的万灵药都是黄油。对于局部病变,总是使用一张羊皮。如果是耳朵疼,羊皮可以治好它;如果是牙疼,羊皮会减轻它;如果是头疼,羊皮也会把疼痛赶走。所以羊皮所占的地位,在某种程度上和印度比彻姆(Beecham)的药丸类似,它能治疗或据说能治疗一切疾病。但是,有一种类似于西红柿籽的东西是一个特例,它在面部神经痛的时候被涂在脸上。它们是亮棕色的,妇女也把它涂在脸上,按照她们的说法,这样可以美容,因此她们在这一效果下看起来白里透红。这替代了欧洲国家流行的化妆行为。医生们知道某些植物的一些特性,当把它们混合在一起时,他们搞出了一些药方。他们相信对付特定的疾病需要吃特定食物的有效性。烧灼、放血、烘干和湿润拔火罐,构成了他们外科手术的全部内容。对待一个眼睛疼的疾病,他们会使用一张用来包装从拉萨进口而来的砖茶的纸。

在西藏,蕴含了硼砂、硫黄、苏打及其他矿物质的温度高而苦涩的温泉,也被用来治疗疾病——特别是在这个地区变得越来越普遍的性病。泉水从石头中流出来,用桶来接泉水。每一个泉口有 3 个大桶。为了完全获取矿泉水的益处,一个得病的人必须在 7 天之内用第一桶泉水洗澡;如果这没有治好他,则他必须用第二桶泉水洗 2 个星期;如果他还是没治好,他必须用第三桶水洗 21 天。这些泉水被发现对于治疗风湿和某些皮肤病也有好处。为什么医生会指导他的病人按照以上的办法洗浴?这说起来不简单。一般情况下,穷人在这些洗浴地点不能呆上多达数日的时间。如果这能被叫做科学的话,这种助产学为老年妇女所拥有。那里没有像我们现在印度一样的接生婆阶层,但老年妇女不会比没有经验的年轻妇女(dais)多更多的技巧。

某种兽医医学的知识也开始在那里粗略地发端。他们给牲畜的鼻子里喂药。至于公马和公牛,药被塞进右鼻孔里;至于母马和母牛,药则被塞进左鼻孔里。兽医治病时,会利用一根长针穿过鼻孔的前后两面来放血,上颚的动脉也被穿透了。治疗绞痛很难,而且无疑必须立刻给患有绞痛病的动物治疗。治疗疾病,不管是动物还是人,绝对不能在一个他们认为不吉利的日子开始。

医生们一般都扛着他们的药品和装备,就像是沿街兜售的小贩,从一座房屋走到另一座房屋。如果用英国的钱币来表示,医生收取的费用看起来非常少。六便士和一壶系着一块布的青稞酒,通常就是对于两星期医疗服务的报酬。

牧民中间流行的医病方式就是留给病人足够的水和食物,让他通过自然的力量自己康复。这看似残忍,但牧民必须每天四处迁徙以维持生活,游牧的生活状态并不利于疾病的康复。一般情况下,病人会被留在预期其他牧民会来宿营的地方,他们对于病人的帮助和照顾是值得信赖的,从不会让人失望。

西藏人不相信接种疫苗。他们有一种预防天花的方法,但不是接种疫苗。天花的伤疤被烘干和吞下,这样据说就会击退这种疾病对于一个人的侵袭。然而,当每个人都染上此病时,不管任何人,就算是亲近的父母,也会被赶到一个荒凉的地方,留下水和食物让他自己康复或死在那里;对于已死亡的,尸体则被扔进河里。

当一种流行病暴发的时候,他们采取一种奇怪的权宜之计来阻止从一个村庄传染到另一个村庄。他们会在所有的道路,特别是在一个村庄通往另一个村庄的桥梁上,堆满刺和多刺的树枝,这种预防措施的道理是防止邪恶的魔鬼把他的把戏从一个患病的村庄传染给没有患病的村庄。

由于他们对魔鬼、喇嘛和符咒的力量的相信,以及人们对于医疗交纳的很少费用,西藏无法满足医生乌托邦的条件。

11 葬礼

　　他们处理尸体的一般方法是火葬；如果是因为天花而死，处理尸体不会用火葬，而是扔到河里或湖里，或者埋葬。他们并不急于尽快地处理掉尸体，而是尽可能长时间地保留尸体，并认为，如果死亡是发生在冬季而不是在夏季的话，那就是一件值得庆贺的事情。在前一种情况下，尸体在火葬之前可以保存 15 或 16 天。在葬礼的整个过程里，都有喇嘛参与，指导着葬礼，并进行祷告，以帮助灵魂找到一个合适的重生。在夏天，所有这些都因为高温而缩短了，尸体腐烂得更快：尸体必须在第三天火葬，灵魂找到一个适当的重生的机会严重缩减了。

　　火葬在不缺燃料的西藏西部地区特别流行，但其他地区也有着其他的风俗。在西藏中部地区，他们把尸体放在高山之巅，等着被秃鹰吃掉。在拉萨，他们把尸体切成一块一块的，放在狗前面，让狗吃掉，骨头被捣烂，混上面粉做成球状，也被狗吃掉。这里有一个明显的区别，并不适合于所有人。喇嘛的尸体会被放到山上，让捕食的鸟吃掉，他们圣洁尸体的任何一部分都不许落在不洁的地面上。在可以获得燃料的地方，喇嘛的尸体也可以烧掉，尸体的灰烬都会卖给崇拜者，他们对这些残留物会给一个很高的价钱。有名的喇嘛是埋葬的，尸体连同他本人所写的某些神圣的经卷一起放在棺材里，里面还有圣杯、转经筒和其他崇拜的物品。有时候，谷物、类似于金银铜的金属和贵重的石头也都放在棺材里。棺材被放到一种叫曲典（chhortan，即"塔"）的陵墓里。达赖喇嘛则被施以防腐剂。他的脸被黄金和贵重的石头所装饰，这些经常价值几十万卢比。当把尸体放在一个棺材里的时候，他们把这些神圣的财宝储存于这个曲典之中。在拉萨人所众知，地下埋藏有很多财宝。无疑，每个曲典——如果挖掘的话会有很多——都会发现带着达赖喇嘛使用痕迹的宝藏。

　　在火葬当天，死者的所有亲戚都会聚集在尸体所在的房间。青稞酒和萨托被提供给所有来者。他们悲伤地吃喝着,脸上充满悲伤,每个人都很安静。

接着,他们会派人去请最近寺院的住持。一经到来,这位高僧会读着圣书上面的经文,一只手里拿着这本书。如果死者是男性的话,他的另一只手则握着死者的辫子;如果是女性的话,就抓着头发。在他继续诵经的时候,他会一直抓着死人的头发。当诵经结束的时候,血已经从头上渗出来——这持续了大约半个小时——按照佛祖的教义,这证明死人的精神已经进入了神圣的境界,进入涅槃的状态或已经消灭,这被认为是一个非常吉祥的预兆和未来幸福的最高境界。但如果看不见血,就表明死者的精神还在空间游荡,不停地等待着重新附体。然后就是喇嘛们的事情了,只要一付钱给他们,他们便会念经以加速这一渴望结果的实现。

当念经完了的时候,住持会站在一旁,7到9名家庭成员拿着绳子上来,把尸体捆成一个蹲坐的姿势,将膝盖、手和脖子都捆在一起;如果尸体已经变得僵硬,为了让他以一种需要的姿势固定,他的骨头也会被折断。然后尸体被放在一个棉布做的袋子里,从他躺着的房间搬运到被专门用来做家庭崇拜的房间。这里,他被放在一个角落里,一块布或是一条宽的丝巾从一堵墙延伸到另一堵墙,为的是掩盖他不要让人看见。然后住持进来,正好坐在尸体左手边的地方,背对着他;其他低阶的喇嘛也进来,面向尸体坐着。所有亲戚和朋友现在都走了,只剩下僧人和尸体在一起。僧人的职责是念经祈祷,并点亮101盏黄铜灯。他们也会给死者提供食物和饮料。他们留在那里,日夜地观察和诵经,直到火葬的时刻来临:7到10个喇嘛白天在场,1到2个喇嘛晚上在场。火葬的日子由喇嘛们自己选择好,而且这必然是他们神圣的经书上指定的最吉利的日子。

当那一天到来时,死者的继承人和最近的亲属进入房间里。他们中的一个人把尸体抬起来,运到丧主那里,后者弯腰接受尸体,在两只棍子和其他人的帮助下,把尸体运到房子的门旁。由主持葬礼的僧人所在寺院提供的方形棺材被抬进来,尸体被放进里面。然后装有尸体的棺材由亲人肩扛着,运到焚烧地点。如果丧主是一个妇女,她不会去焚烧的地点,而是在她绕着棺材走三圈并俯卧在它前面之后,被领着回到房间。在去火葬地点的路上,喇嘛在队伍前面诵经和演奏乐器,随后跟着的是死者的亲朋好友,最后跟着的才是棺材。每个跟随尸体的人都会随身拿着一块木头加进焚烧炉中,在那里尸体会被焚化。每个家庭都会保留一个这样的炉子,用以焚烧他们的死者。木头在焚烧炉顶上堆成一堆,尸体上倒满黄油。然后死者的所有亲属绕着火炉转三圈,在开始的地点多次鞠躬,并在全程中保持脱帽的礼节。

当火葬正在进行的时候,喇嘛们继续以挽歌的音调念经,并伴着一阵阵的鼓声。当第一块骨头从尸体中脱落,葬礼便宣告结束了,尽管家庭中的一个成员必须等到尸体完全烧完才能离开。喇嘛们会把第一块骨头拿回祭奠死者的房间,然后把它打碎,和一点泥土混合在一起,把它做成一个小人或塑像。如果死者是一个富人,这个塑像就被放在一个为纪念目的修建的"神龛"里;如果他是穷人,它就会被放在另一个同时陈列着并属于其他穷人的"神龛"里。当火葬结束的时候,那些留在那里等着看他最后一眼的人爆发出一阵永别的呐喊"现在这个世界已经结束了",然后他们就会尽可能快地跑开。在当天晚上,所有吊唁者将举行一个露天的宴会。这个家庭的朋友都会贡献礼物,并将礼物列以清单。这份清单会被细心地保存着。然后聚会才解散。

在第二天的早晨,有些好事者会来看是否在灰烬中能看到脚印。通过这种方法,他能够知道死人的灵魂究竟进入了哪一类特殊的动物体内。如果脚印是一只乌鸦的,他就知道他的朋友已经变成了这种有翅膀动物的一员了。但据说在几天之内,灵魂将不停止地继续寻找重生的躯体。所以在他加入乌鸦的行列之前,必须等一段时间才行。在他确实成功的那天,喇嘛们就会给他写一封信,要求他不要到处漫游,并以焚烧该信的方式给鬼魂的领地发信,这种行为同时伴随着其他仪式。在死者的家里,食物被放在不同的地方,表明亲朋好友真诚地希望帮助他的灵魂渡过难关。

在结束描述人类生活的最后一幕之前,值得提到的是,西藏的吊唁人都会在他房屋的门上挂一个白色的单子,并穿上白色的衣服。白色对这些人来说是哀悼的颜色。这和欧洲的习俗是多么大的反差啊!然而,对一个基督徒来说,这是合适的。这会使他想起使徒所说的"使自己在世界上一尘不染",而且他很有可能会发现,一些如此隐喻性的想法是这种习俗的渊源所在。悼念不会持续很久,那种"过去的事,就让它成为过去吧"的感情又将人们带回到往昔的日常生活里来。

12　体育、娱乐和节日

人民有足够的娱乐活动和节日。前者之中,除了马球之外,还有值得一提的射箭。在此方面,这儿的年轻人有着十分的准确性和娴熟的技巧,以至于当在马背上全速行进时,他们能够回头射中一个事前设好的标记。这项运动是非常流行的,整个村子的人都参与其中,他们以公牛的眼睛中心为靶子。在很大程度上,农民大量参与到射箭之中,因为据认为这是一种决定来年是否是一个丰收年的行为。当耕种的时间来临之前,许许多多的农民在先前约定的某一天拿着弓箭出去,每人朝着远处有一定距离的目标射出 6 箭。他们轮流射击。一个人最多可以轮上射击 3 次到 4 次。在那天,成功射中 6 箭的人肯定会在当年和随后的年份得到好运。他的所有朋友都会过来给他庆祝,当这一切正在进行的时候,一个少女会走向前来,对胜利者深深致敬。在晚上,所有村民都会聚集在一个"共同的房间",或村庄的聚会厅,就射箭的事欢笑取乐。由村民自己筹资举办的宴会举行了,此后,农业的劳作就开始了。

狩猎是另一种娱乐,它也是一种生存方式。为了猎杀野生山羊,一大堆人聚在一起。村庄的头人确定这些动物在哪些地方经常出没。在打猎前的一天,在这些地点之一的周围高地上,站满了带着手鼓的男人,为了狩猎最多有两三百人来到这里。一大早,带着火绳枪的猎人下到下面的开阔地,并躲藏在他们预期当动物受到惊吓时试图逃跑的道路之上。突然,夹杂着黄铜之声,手鼓突然响彻云霄,到处都点起了火堆。受了惊吓的动物试图经过他们埋伏好了的道路逃跑,结果会很容易被击毙。然后,战利品会在所有村民之间被平均分配。

另一种捕捉野生动物的方法是通过陷阱,包括一个圆形的木块,周围布满铁钉,被放在地上打的洞穴之内,上面盖满泥土或者雪。钉子的尖朝里,但不在圆圈的平面之内,以至于合适放置着的圈套可以使得疲劳的动物的脚很容易踏进,但却不能拔出来。陷阱用绳子固定着,当一个动物被抓住时,附近密切观察着的猎人会走过来,立即杀死动物。

捕捉狐狸是在马背上进行的。为了引诱狐狸出洞,人们会点燃动物的角,烧焦的气味很快会把它们引诱出来。然后,猎人会在马背上追赶它们,当狐狸累了,猎人就会用马球棍击倒它们。

野兔也是以同样的方式被捕获的,但燃烧角的气味不会像引诱狐狸一样引诱到它们。当雪下得又软又深不是很硬的时候,动物会更快地筋疲力尽,狐狸和野兔都更容易被捕获。当男人从一个地方到另一个地方追逐动物的同时,妇女们会出来,走到自家的阳台上欣赏风景。如果猎人惨遭失败,妇女们会以随意谩骂猎人的方式,发泄她们的感情——但我们不知道她们是高兴还是悲伤。野鸡也可以以同样的方式被捕获。西藏的树木很少,野鸡不是在树里居住着,而是生活在地上。在雪地上,它们不断地变换地方以躲避捕杀,直到寒冷和筋疲力尽使它们不能避开捕猎者的棍子。雪野鸡是因为陷入人们在雪地里挖的坑而被捕获的。这些坑上面覆盖着枝条,看起来就像有很少水的水池一样。寻找水的雪野鸡从山上下来,陷到坑里面。树枝被它挤开,它跌了进去,从上面落到它身上的雪使得它不可能飞走。

为了实现以上述方式打猎的可能性,我们就可以理解无论男人还是女人都是骑马方面的专家。从他们幼年时起,他们就被专业的骑马师训练骑马。他们可以在马全速跑动的时候,随意地上马和下马,并在狩猎时经过目标的时候,用弓箭射击目标。当以全速疾驰飞奔的时候,他们可以以惊人的速度上膛和使用他们的火绳枪来射击,在限定的时间内以一定的次数这样做。一个西藏人经历了所有的磨炼之后,自然就变成了一个骑术专家和一个耐心、坚忍不拔的猎人。

西藏西部人玩的马球游戏特别适合他们的天性。游戏本身没有印度人玩的英国游戏那样多的所有趣味和花样,但他们也有着相同的锐气和精力。

板球、草地网球和足球也被本文的作者引入列城的城镇里。我很有信心地预期,过几年这些运动会被传入拉萨的城市里。

欧·亚·历·史·文·化·文·库·

在冬天,滑冰活动也是人们特别喜欢的一项消遣活动。妇女和女孩们都不滑雪:她们的确不参加任何一个前面详细描述过的活动,原因在于与给予她们身上严格的性别限制相比,她们更加勤劳,并满足于对此运动采取一种消极的态度,充当运动的观看者。除了滑雪之外,冰上雪橇也受到居住在河边的居民的喜爱。在春天,河岸上的硬雪开始软化,大量的冰雪被冲到了河流里,在这些冰雪之上,人们坐着并顺着河流漂流而下,直至由于冰块融化,进一步行进将会带来危险的地方。

西藏人喜欢跳舞。与诸多东方国家中流行的思想相悖,在这里,跳舞不会被认为是可耻的事。跳舞并不像在印度被高级阶层转移到一个职业性地过着不知羞耻的生活的阶层。除了皇室家庭成员之外,每个人都可以自由地在灯光下,迈起轻盈和美好的脚步。这些对于消遣活动的限制,更可能是作为一种礼节性的活动,而不是因为禁止他们参与其中。没有比看到自己的女儿比聚会的其他人跳舞跳得更好,而更使得一个父亲高兴了。他使劲地鼓掌,并毫无顾忌地,尽可能高兴地喊着"好啊"。他们的舞蹈一点也不吸引人,尽管他们穿着盛装,脖子上缀满珠宝,他们的脸庞这一次也洗得干净,但他们的活动毫无生气,歌声和音乐也比噪声好不到哪去。对于一个看到过经验丰富和优雅的印度女孩舞蹈的印度人来说,整个表演好像更加适合用于表达一种悲哀和伤感,而不是展示欢乐。那些懂得他们语言的人说,这些歌曲表现了一种非常激烈的感情和动人的哀婉——但笔者对此及其语言所知甚少,而不能发表任何意见。因此,对他来说,这种感觉在他愚钝的耳朵里化为乌有。度假和其他地方一样,也是西藏人生活中的一个典型状态。春天是野炊的时间,但奇怪的是,这些西藏人的野炊中,男人们自己出去,女人们也自己出去。前面已经提到,干净并不是西藏人的品德之一,他会定期去洗澡,但每年只有一次。很可能当他出去进行每年一度的野炊的时候,他才可能会去洗澡。

根据笔者从来自拉萨的人身上得到的情况,这个城市拥有一定数量的戏院。这些戏院的存在主要归功于内地汉人在那里的出现。戏院并不演戏,而是被用来做音乐厅。一大堆人穿着各式各样的衣服,如代表着汉人、西藏人、英国人和其他走到台前的人士,他们都戴着面具。铙钹、鼓和小号构成了这个节目的乐器部分。所有的表演者都站着,其中之一来到前面,唱了一首歌,一般来说是情歌,或是滑稽的歌曲,再或是民族歌曲。然后,他返回到他应该待的地方,接着另一个人开始了。如果一个喇嘛走上前来,他一般会唱一首有关道德的歌:"支持你的喇嘛们,服从他们。对所有的修道者表现出慷慨。"修道者一般都是喇嘛,所以整个的道德规则就是把你的一切献给喇嘛。

体操运动是一个阶层人们的专利,那就是靠这种表演维持生计的流浪乞丐。这些人的一个把戏就是把有点钝的剑尖顶在肚脐之上,剑柄置于地上,然后使身体平衡并以水平方式打转。当然,他会假装剑尖不是钝的。在现实中并不是这样,有时皮肤被一小片金属保护着。这些人耍的另一个把戏是,把一块石头平放在一个躺下的人的肚皮上,用另一块石头猛砸这块石头的中心,从而把这块非常重的长石块一分为二。看起来这种方法有些危险性,这种印象通过表演者在表演这个把戏前庄重的念经行为而得到了进一步加深。那块平滑的长石块重量高达 1200 磅,而且人们并不容易看出整个事情是怎么漂亮地完成的。所有旁观者都会奖励这些表演者,旁观者有时是一些对表演非常慷慨的喇嘛:每个人总是给出一些东西;最穷的如果他无法给出其他任何东西的人会捐献出一个缝衣针,这是他妻子的财产;有钱人除给了奖赏之外,还会出价竞买刚才的两块石头,并扛回家里当做神圣的物品。

除了他们的把戏之外,这些流浪艺人在诵经声的伴奏下,会跳一种裙子舞。这些杂耍者表演的顺序是一般的体操舞蹈、裙子舞、剑舞和石头把戏,这样,最使人印象深刻的把戏被留到了最后。这种机灵和狡猾给他们带来了丰盛的收获,因为他们会满载金钱和物品回到家里。

现在我们将要谈到节日。一年之中的最大节日是"罗赛尔"(Lous-ar)或新年。谈到这个节日,我们必须描述一下西藏人如何记录时间。1 年分为 12 个月,每 3 年之后额外补加 1 个月。一个普通年的月份应该每月包含 30 天,但实际上只有 27 或 28 天;然而,西藏人把这 28 天记做 30 天,并以某些天被丢失了对此麻烦事进行解释,只要少于 30 天的月份都会这样解释。一般人通过12年的循环来计算时间。这12年中的每一年都由一种动物的名字来命名,比如说第一年,就是狮年,第二年是牛年,第三年是虎年,这样一直经过马、龙、蛇、兔、羊、猴、鸟、狗和猪。在本书中,笔者的记述经历了6个年份。考虑到每过3年,就会有一年增加额外的1个月的事实,那么新年之日就会有时落在我们的12月的中间,有时在1月或2月。像基督徒一样,西藏人的这一天也是安静和充满美好愿望的一天,敌人在此时都会互相握手言和,朋友之间通过互相拜访和互敬"青稞酒",互相祝愿幸福和好运来加强联系他们的纽带。订婚会在这个欢乐的季节宣布,在西藏人乐于参加的宴会上,家常菜很受欢迎。这时会端上这个时节的菜品,即"萨托"做成的酱。这道并不可口的菜以一种使文明国家的精细口味感到恶心的方式准备着,但它的外表被年轻的西藏人所喜爱,就像李子布丁的外表被英国的孩子所喜爱着一样。这个节日持续5天。在最后一天,每一个家庭和每一个寺院都会根据自己的经济条件,点燃尽可能多的油灯,这个习俗会使人想起印度教的蒂瓦里(Devali)节日。在这一天,村庄的头人或本地的王子会捆扎起一小堆树枝,并点燃它。然后一个参与者拔出剑来,把这捆树枝砍成两半或三半,象征着杀死了恶魔,或者类似于基督教的"除掉旧人"。然后燃烧着的捆扎被搬开,每个村民都带来他们自己的树枝,并点燃它们。然后一个仪式形成了,他们所有人都会跑到村子外的某个地方,并将燃烧的树枝扔在那里。这些燃烧的树枝使人想起一个印度教的霍利(Holi)节日,那时,人们会用木头和牛屎做成的饼生成火堆。在这个季节,有着宗教责任的印度教徒会变得好色和淫荡,一般都会纵情于互相扔脏东西和红色涂料。这种放纵在西藏找到了相对物。年青一代在4天内通过燃烧一种从山边找到的枯干灌木来找乐子。他们被允许互相殴打对方,而且一般会形成打架的群体。在最后一天,在所有燃烧着的东西都被扔到了野外之后,年轻人开始侵袭城镇,向城镇所有居民索取钱财和实物。很多不能够满足他们需求的人,都对这些年轻的敲诈者关闭大门,结果是,这些人被激怒了,朝着房子狂扔石块。

舒普拉（Shoopla）是一个收获的季节。这个节日是在 8 月份或 9 月份庆祝的。它是一个高兴的日子，也是一个感恩的日子。感恩的祈祷在寺院里举行之后，人们就会跳起丰收的舞蹈。两个男人在一个面具和褥单的帮助之下，把他们自己装扮成一头狮子。第一个人有着代表狮子的面具，他的脚充当狮子的前爪。第二个人弓着腰，试图形成好像是狮子脊背的突起部分，他的脚充当狮子的后爪。一个褥单扔在他们两人中间，这样塑成的形象的确表明这是一头狮子。尾巴由第三个人装扮，他拾起褥单的尾部。男男女女都绕着这个东西跳舞，他们都是从附近几里地以外的地方急切地赶来观看这个表演的。

13　奇异的风俗

　　说"早上好"或"谢谢你",对于西藏人来说并不只是一个语言的问题。这意味着更多,它还需要一定的行为,即一些与这个地区奇异特征相当合拍的行为。他们使用同一种表达和行为方式表示"谢谢你"和"早上好"。为了以一种为人认可的方式做到这二者之一,一个西藏人必须说"jooly"这个词,同时微微地倾斜他的头,伸出他的舌头。在上流社会,当正在喝青稞酒或茶水的时候,一个西藏人有时会经常地伸出他的舌头,这种行为在欧洲将是医生们很喜欢的一种动作。通过频繁地使用这种方式问早安,以及说"谢谢你",自然会很好地帮助游牧民。这似乎是他们发明的节省劳力的方式,而且人们总是会看到他们把舌头伸在外面。在康区——一个东北部的地区,除了伸出舌头之外,他们还经常竖起左手的大拇指来互相问安(这对于印度人来说是一种后果严重的侮辱)。在其他地区,流行的问安方式则是抓住左耳朵。

　　妇女们则用另一种方式做这些事情。她们用握紧的拳头交叉双手,以至于手镯互相碰在一起,然后把右手放在前额三次,每一次都说"谢谢",并每一次都表现出礼貌。西藏人礼节的形式特别有趣。当一个富人拜访另一个富人,或接受邀请参加婚礼、出生礼或葬礼宴会的时候,礼节是绝对不可缺少的。表示致礼的"哈达"只是在男人中间流行。一位玛巴丈夫必须把哈达献给他的岳父,作为朋友必须在出生礼宴会场合上向孩子的父亲敬献哈达。敬献哈达的方式,因对方的等级高低而有所不同。如果在日常生活中低等级的人拜访一个更高等级的人,前者必须把哈达扔到后者的脚下;然而,如果拜访者与被拜访的人等级相同或者他自己等级更高,他就会把哈达置于对方的脖子上。很多哈达就以这种方式被用掉了,但因为拜访是互相的,这种行为对于富人来说并不是非常昂贵的,穷人也只是在前面提到的场合才会被要求这样去做。一个西藏人向另一个人敬献哈达,必须伴以信函,否则后者会愤怒地拒绝接受它。明显地，西藏人有一套严格的礼节规则，而且他们的规则很可能不像文明种族中认可的那样精细和严格，但他们愿意遵守他们施加于自己为数不多的规则。一条哈达在一个其他特定的场合也会被用到，即当向某些高级政府长官或皇室成员敬献茶水的时候。倒茶的人必须用一条哈达围住自己的嘴，这是为了防止他的不干净的口气，污染了他正献给尊贵的官员的茶水。

良好的举止和礼仪规则还要求招待不同等级的人或当和不同等级的人接触，说起同样的事时应该使用不同的话。某种程度上来说，西藏人的语言十分丰富。比如说，说到不同等级人的鞋子，尽管鞋子可能非常相似，但必须使用到不同的表达方式。如果是说一个王子的鞋子，"朱富沙"（jufsha）就是正确的词，而"库富沙"（kufsha）就是应用于那些普通人的词语。比如眼睛，普通人的眼睛叫"梅格"（mig），而王子或大人物的眼睛就叫"梅格玛"（migma）。这种分别不限于以上提到的例子，它们还包括很多物品。在西藏人的特征中，为取悦于对其制度和习俗的观察者，以及表达对于穿越他们土地旅行的特别客人的欢迎，都有着非常值得注意的特点。一个高级官员能够马上从其打扮和其他明显的特征中被分辨出来。比如说，他总是前面有一些骑马的先头仪仗队，后面则跟着一个仆人，手里拿着一杆旗帜，上面写着这位贵人的姓名和官衔。当有某个重要人物，比如说一个村子的头人或某位其他的官员将要到来的消息被宣布时，他所经过地方的当地妇女就会出来，给他们贡献"萨托"、"奶"和"青稞酒"。在奉献萨托时，她们会点燃铅笔松和松香棒，而这些经过的官员只是碰一碰奉献的物品，然后就还给她们了。村庄的乐师也拿着他们的鼓和笛子走出来，带着最好的意愿，他们演奏起他们认为是音乐的东西，可对不起，这些实际上只是一些刺耳的噪音。在寺院里，喇嘛也会带着他们的小号、笛子和其他象征物品，出来欢迎旅行者。每一个村子和每一个寺庙都以这种方式在他停留的地方欢迎他，如果他在寺庙居住的话，村子的头人或寺庙的领导人，会为他准备一次宴请。因此整个旅行变成可以称之为"皇家"仪式的进程，而且每个村庄都有义务把尊贵客人到来的信息，传递给下一个村庄，以

·欧·亚·历·史·文·化·文·库·

便这位客人也会被合适地招待。

在这些人中，有一个值得提到的奇怪风俗，类似的东西很难在其他国家或地区找到。一旦一个一家之长的孙子或孙女诞生了，家庭的全部负担就都转移到了儿子的肩上，头人和他的配偶会在一个留出来的，专门为自愿脱离关系生活的地方过着退休岁月，此后他把所有事务都移交给他的儿子照管，他的儿子立刻就变成了头人。我就亲眼所见摩丝（Moths）土王，在他正充分享受实质权力的时候，放弃了他的财产，交给了他的儿子。这样做的好处在于，继承者不需要十分厌烦地一直等着，直到死亡才能代替在位者。如果有几个父亲存在，他们所有人都会为他们共同哺育的后裔着想，而自动退位。

在结束之前，必须要说的是，西藏人使用一种鲜花的语言。他们也会把鲜花固定在帽子上，或是用针别在胸前。在这片土地上，鲜花非常罕见，因此他们使用鲜亮和许多五颜六色的树叶来装饰他们自己，并以英国花花公子在纽扣孔上插花的方式来使用这些装饰品。虽然在西藏人中间，关于爱情和表达爱意的想法并不像在我们这里这么流行，然而情人们经常还是有机会使用鲜花来抒发他们的情感。当一个人向另一个人献上一束黄色的花朵时，他实际上承认了另一个人对他来说像金子一样珍贵——这一点是这个西藏人所能够达到的，或是他想实现的爱情的最高境界，因为他对金子的爱，不会亚于对其他任何人的爱。如果送的花是红的，是血的颜色，则是对花朵所赠对象残忍行径的控诉；如果送的花是蓝的，则显示出对于送花者而言，已经意识到了他或她是所赠花之人相爱的目标。但如果一个不幸的少女或青年忍受着伤心的煎熬，他或她会把这一信号以一个分开的树叶的形式送给另一方；如果一束花是由刚才提到的所有种类的花朵组成的，并还包含有一块烧焦的木块，则这是一种谴责对方不忠实行为的表示，这种不忠已经烧掉了送花人的心灵。

我们可以看到，不同的色彩代表不同的爱恨情仇，这些都被很好地表达出来了，据我所知，在英格兰，这样把不同的鲜花与一定的思想和感情相联系的习惯是没有的。如果西藏人拥有数量丰富的花朵，他们很可能会形成一种非常感性的语言。他们的花很少，但他们以一种简单实用的方式来使用它们。

　　这就是西藏人设法在爱情领域制造的文明"恶作剧"，而在其他领域，他们是众人皆知的落后于人类的每一部分。

14 为什么不允许外国人
进入西藏

在一些场合,人们经常会问我,是什么促使西藏人禁止外国人进入这个地区。这个问题需要比迄今所能够想到的更加宽泛的考虑,我计划探究使拉萨直到去年还是世界上最不可穿越地区的真实原因。西藏人对控制着喜马拉雅山另一面的欧洲人的影响和势力,采取的是一种有些模糊和不确定的态度。时不时地,从印度北部,从克什米尔、尼泊尔和不丹返回来的西藏旅行者跨过了喜马拉雅山,并带来了印度的崛起和不断进步的消息。他们已经看见这种力量在一点点地朝着他们自己的边境推进。像给印度政府带来如此多问题和麻烦的野蛮的阿富汗部落一样,西藏人已经开始把这个强大的邻居,看做是可能危害他们独立的危险来源。尽管他们无动于衷,但当他们的感情被热爱权力的喇嘛们挑逗起来的时候,他们就有足够强的动力激发起政治自强的感情,并以他们的努力,帮助当局排斥所有外国人进入这片土地。

当俄拉瓦·辛格在一次短暂的攻势之后控制了列城,克什米尔政府允许冒险家们在它允许的某些区域内的某些季节进行狩猎。这一让步的结果,是拉达克迅速变成从克什米尔和印度来的冒险家们的理想狩猎地点。冒险家的涌入带来了明显比当地人的火绳枪要先进很多的后膛枪,正是这一事实使西藏人对之产生了一种敬畏和恐惧的心情,这样的情绪迅速传到拉萨,使得拉萨当局更加决定把拥有这样可怕武器的外国人挡在国门之外。值得一提的是,自1720年开始,在拉萨的宫廷上就有两个被称作"驻藏大臣"的清朝代表。他们给他们的民众灌输了偏见,因为他们已经领教了欧洲国家的侵略政策,这无疑助长了更愿意盲目地跟随,而不是为自己考虑的西藏人的反欧洲情绪。在1865年,西藏的达赖喇嘛恳请清朝皇帝禁止任何欧洲人进入西藏。

根据将降临在这个地方头上的所有灾难都归咎于放松外国人进入的禁令,喇嘛们煽动了西藏人的宗教感情。当"达赖"喇嘛(指转世的达赖喇嘛——译者注）被选中的时候,他们还只是年仅 4 岁的没有任何权力的小孩,当他们到了一定年龄,可以自己管理本地事务的时候,他们往往死亡或被在他幼年时委托以最高权力的摄政们毒死。然而,西藏人并不怀疑任何卑劣的行径,摄政者就利用他们的信任,通过把他们的死归因于外国人被允许进入这片土地,而开脱了自己的罪责。当达赖喇嘛恳请清朝皇帝禁止外国人进入西藏的时候,他基于这样的理由,即自从白人传教士和其他人来到这片土地,妇女们对他们的丈夫变得不忠实,人们对业已存在的宗教不再崇信。

拉萨当局对于村庄头人和地区低级官员的指示是非常严格的。他们所有人总是坚守他们的职责,其中之一就是他们不会允许一个外国人穿过他们所管辖的地区;违抗这项命令就要受到死刑的惩罚。但当他们发现探险家们不能够被劝服而改变主意,并离开西藏时,一般的做法就是把他们放在一条避开拉萨的道路上,并将他们到达的消息送到下一个村庄,以便人们会采取防范措施,把探险家导引到一条离这座圣城尽可能远的道路之上。因此,正是这些地方长官和守卫严格遵照他们的宗教教条不去伤害任何形式的生命,而规避了法律,形成一种裙带关系,保护他们自己免于受到这些冒犯的影响。

当代的欧洲探险家立刻就会被指认出来,除非他们经过远非寻常的特意伪装。"大篷车"承载着他们的补给、衣服和其他生活必需品,这对于那些目的不是做生意的人们来说,显得不同寻常地显眼。他们总是索要谷物——这是一种很不容易获得的商品,就算搞到了也要花很大一笔钱。枪支也是每一个探险家必需的装备。他们会在寺院附近射杀野生动物和带翅膀的鸟。这对于西藏人来说是非常令人讨厌的。对于这些携带着枪支的欧洲探险家,人们会猜想他们的几乎每一辆大篷车后面都有一支庞大军队的先头部队。难怪,西藏人会无知地拒绝所有的白人。

另一个使西藏人恼火的原因是雇佣阿贡（Argons）做仆人和向导。必须记住的是,由于不得不咽下传说、传奇故事和信仰带来的深刻欺骗,东方想象在其存在的整个时间段里,都会从最不重要的预兆中得出巨大的结论。阿贡是一个不受西藏人喜欢的阶层。他们在宗教上是伊斯兰教徒，很容易引诱西藏妇女也成为伊斯兰教徒，并和他们缔结一夫一妻制或一夫多妻制的婚约。他们数量上的增加，远远快于一般的人口增长。由于以上两个因素，世俗和宗教的当局并不善意地认可这一混血儿。世俗的领袖们是因为害怕这种人口过多会给人民带来痛苦和贫穷；宗教领袖是因为每一个嫁给阿贡的妇女都意味着他们的宗教成员减少了一个。现在欧洲的探险家普遍雇佣阿贡为他们服务。他们是善于欺骗和狡诈的一群人，就像世界各地普遍存在的没有教养的混血儿那样。他们很清楚地知道如何取悦他们的主子，而且会毫不犹豫地用武力强夺他们主子需要的任何东西，并且不收取任何报酬。对此进行矫正是不可能的，因为胆小的西藏人被由于抱怨而招致的进一步粗暴对待吓着了。有时也会发生这些阿贡假装服侍主子，实际上秘密地损害他们主子利益的案例。一个欧洲探险者的骡子曾经被阿贡们合谋偷走了，但他不敢声张，因为他们害怕被拉萨官员发现和惩罚。这些行为并没有为这些趋炎附势的流氓赢得西藏人的好感，他们还是被人们憎恨的一个群体。某种程度上，白人和阿贡之间的这种联系对于缺少逻辑思维的西藏人来说，是他们愤怒的一个源泉。在他们心目中，很可能把欧洲人定位于更加邪恶的一群人，尽管他们会比那些令人憎恨的向导富有得多。

15 西藏佛教的历史

考虑到西藏宗教的奇怪信仰和更加离奇有趣的仪式,西藏的宗教不仅仅是对它自己来说很有趣。佛教在西藏发展成为喇嘛教[1],而且在很多方面成功地改变了西藏,甚至比基督教在中世纪的欧洲取得的成果还要大,这一点的确非常值得注意。这从被称为喇嘛教(这个词来自于喇嘛,即对修道者的称呼)的教义和礼拜仪式的主要特征中看得相当明显。为了理解喇嘛教,我们必须在这里尽可能简短地解释一下基本的教义和原则,这些据说佛祖已经清晰阐明过。在大多数非佛教徒中间,有着很多的无知(然而,现在正在快速地消失)。实际上,关于佛祖,在这里有必要就"佛"这个主题,解释几句。"佛"是一个意思为"贤明"的词,也是这个宗教的建立者的真实姓名。这位佛教人物的名字是悉达多(Siddhartha),乔达摩(Gautama)是家族姓氏。

那么佛或者"贤明者"教给了人们什么东西呢? 首先,让人所知的是佛祖完全忽视神灵是否存在的问题,也完全漠视每个人体内的不朽灵魂是否存在的问题。佛祖只相信物质的世界;他认为讨论两个问题毫无意义——世上是否存在神灵,或者人是否有灵魂存在。

对此,他以朴素的语言承认自己是一个不可知论者。一个非佛教徒拥有的关于悉达多教义的大量知识都和涅槃或消灭这样的词相联系。这事实上也是他的所有信徒孜孜以求的伟大目标。这简单地意味着激情,以及所有使人不高兴的感情诸如愤怒、虚荣、不洁和骄傲等的消灭。一旦这些被灭绝了,幸福、长眠、满足将会是每个个体的状态,到此他们就实现了圆满。

乔达摩指出,通往涅槃的唯一途径就是通过"正确的观点,正确的思想,正确的言论,正确的行为,正确的生活方式,正确的努力,正确的

---

[1]译者按:喇嘛教是过去的旧名,现用"藏传佛教"的名称。原文为 Lamaism,照译不改。

回忆和正确的冥想"。因此,他指出了人们希望达到永垂不朽境界须依托的"八圣道"[1]。

乔达摩提倡人们笃行一种禁欲的生活,他所建立的规则是其生活感悟的自然而然的结果。人生来是和邪恶联系在一起的;那些引入生活并维持生活的激情也会带来邪恶和腐化。你必须和生命本身进行抗争。那些急切地想要找到生活问题解决途径的所有人都会被引导过一种禁欲的生活,避开诱惑和激情。但所有想要达到涅槃境界的俗人,必须不仅仅借助其人生过程中的自我修养,而且还要在另一个生活中进行自我修养。通过一种渐进的净化过程,一个生命将变得比另一个生命更加圣洁,这样,贤明就可以更加容易地得到了。因此,这里有一个人类行为的双重标准:一种是为那些在他们现有的生命中相信会获得"涅槃"的人;另一种是为那些乐于在很多次新生之后获得"涅槃"的人。现在有权威人士否认,佛祖相信或教导说存在一个人体的灵魂,简单来说就是种族的进化,这似乎是佛祖以轮回来解释的意思。轮回这一术语只是表示一个人的生命在其孩子身上的延续,以至于如果这是真实的话,不可知论者和理性主义者都有充足的理由来美化,就像他们所做的那样。

据我们所知,佛祖生活在公元前 500 年。在他死后,大量的传奇和超自然的事件都开始和他的生平扯上联系,他所创立的简单的自我修行的传教制度在大量的教规中变得混乱。在基督纪元的第一个世纪里,佛教在存在了 600 年之后,产生了分裂。佛教徒分聚成了两个敌对的学派:一个叫他们的制度为"马哈亚纳"(Mahayana),另一个叫"喜马亚纳"(Himayana),即大乘佛教和小乘佛教。大乘佛教的追随者是北方的佛教徒,小乘佛教的追随者是那些居住在锡兰(Ceylon)、缅甸(Burma)和暹罗(Siam)的佛教徒。

北方佛教徒与南方佛教徒的不同,在于他们更强调一些美德。这些美德与在无数次的新生后期望"涅槃"境界或是消灭相一致。它并

---

[1]译者按:"八圣道",即佛教意谓八种通向涅槃解脱的正确方法或途径。

不否认一个人可以在人生的第一阶段变成一个"佛",所以它与南方学派的教义并不抵触;但它更加强调了那些不寻求立刻就能完成所有修行的德行。

现在,当一个人尝试一些更加禁欲的过程时,这种过程会导致他摆脱自身的邪恶。这样他就会成为一个"阿莱哈特"(Arahat)——如果他试图逐渐地获得这个脱离,他就会成为一个"佛教徒"。一个"佛教徒"比一个阿莱哈特变得更加"重要",并且如果他在任何时候成为伟大的宗教导师,他就会被认为在前世是一个佛教徒;在他死后,他会被人当做是佛来崇拜。然而,尽管南方学派的门徒已经放弃了成为一个"阿莱哈特"的企图,但是他们还是受制于他们的"喜马亚纳"系统,把救赎限定于相对更少的人。

接着,佛教的发展发生在公元6世纪。当时,北印度的佛教消化吸收了婆罗门(Brahmans)的瑜伽邪教,在仪式、转世和符咒等方面获得了新的发展。密教哲学(Tantrism)、恶魔崇拜、魔术和巫术掺杂进来,破坏了佛祖主要教义的每一个方面。这种密教哲学的特定品质就是允许佛教徒拥有妻子,并开始引进魔王和魔女加以崇拜。这就是在公元7世纪被引入西藏的宗教。某种程度上,喇嘛教所保持下来的,就是佛祖关于生活方面的真实教诲的正确思想,这明显植根于寺院里形象化的生命轮回的人生。这归功于佛祖自己。在这幅轮回图的边缘,显示出了一个人从生命开始直至最后死亡所经历的几个阶段。第一个阶段由一个被人牵引着的瞎眼母骆驼所代表,这意在表示婴儿的无意识的生活状态。在下一个阶段,无意识继续存在,个人存在逐渐凸现,就像是陶工手中的黏土。出现意识则是接下来一个阶段的事,并显示出一个猴子变成了人。第四阶段通过一个给病人号脉的内科医生,或一个跨越海洋的人来表示。这就表示个人意识在上升。在人生的下一阶段,就是人理解力的增强,这由第五幅图来表示,图上画的是一双通过面具向外张望的眼睛。

再接下来的一步是有了触觉,触觉给人带来了痛苦或快乐的感觉。触觉由人们亲吻和一只插入眼睛的箭来表示。感觉带来欲望,这由一

·欧·亚·历·史·文·化·文·库·

个正在喝酒的人来表示。贪婪是欲望的进一步发展的结果,这由一个采摘水果,并把水果收集在篮子里的人所表示。第十个阶段显示了一个女人,象征着贪婪的状态,这将导致婚姻。在下一张图里,一个女人正在生孩子,因而,此时在这个男人被描绘的人生历史中,表明他拥有了一个继承人。最后一个阶段,由一个人的背后背着死尸来表达——这就是死亡。

16　西藏人生活的图画
　　　（草图集）

（由艾哈默得·辛哈在西藏旅行中所画）

目　　录

·欧·亚·历·史·文·化·文·库·

图 10/112 　（1）耳坠　（2）装饰物　（3）挂有钱袋的黄铜牌饰

图 11/113 　（1）头饰　（2）耳环　（3）毡靴　（4）小金盒

图 12/114 　（1）钱袋　（2）叠着的手绢　（3）小金盒　（4）项链
（5）披肩

图 13/115 　（1）贝壳拌槽　（2）小金盒　（3）银手镯　（4）银制装
饰品

图 14/116 　（1）笔盒　（2）堆起的书　（3）刀　（4）刀鞘　（5）指
环

图 15/117 　（1）放头饰的金盒　（2）放头饰的金盒　（3）水罐
（4）水壶　（5）墨水瓶　（6）带有佛像的避邪物

图 16/118 　（1）火炉和水罐　（2）勺子　（3）淡啤酒壶　（4）可置
于火上的茶壶　（5）可置于火上的酱罐

图 17/119 　（1）橛　（2）收割工具　（3）长笛　（4）茶水搅拌器

图 18/120 　（1）在刀鞘里的刀　（2）烟斗锅

图 19/121 　结婚仪式

图 20/122 　（1）客人的座位　（2）淡啤酒壶及（a）作为茶点的面
粉　（3）准备跳舞的妇女

图 21/123 　（1）婚宴　（2）新娘的女仆　（3）新娘　（4）新郎
（5）男傧相　（6）啤酒壶及用面粉做的砖,这些要分
给家庭的每个成员　（7）乐队

图 22/124 　马背上的绅士

图 23/125 　（1）做绳人　（2）毯子制作者

图 24/126 　织布者

图 25/127 　跨过一座桥

图 26/128 　（1）做通心粉　（2）搅动

图 27/129 　（1）裁缝　（2）正在试穿衣服的顾客

图 28/130 　载重的骡子

图 29/131 　赶着载物的绵羊和牧羊犬的牧人

图 30/132 　捕鱼

图1　造物的起源
　　五个被认为是最先创造的物种，其他都是从它们中衍生出来

·欧·亚·历·史·文·化·文·库·

图2　下部藏区的人民

图3 一个西藏妇女，前面是其仆人

·欧·亚·历·史·文·化·文·库·

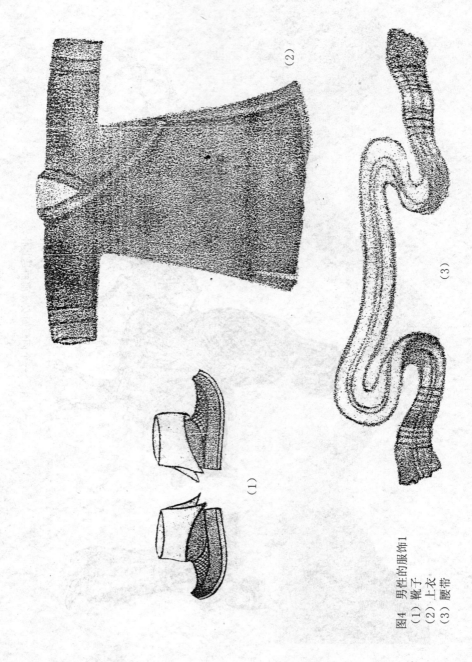

(2)

(3)

(1)

图4 男性的服饰1
(1) 靴子
(2) 上衣
(3) 腰带

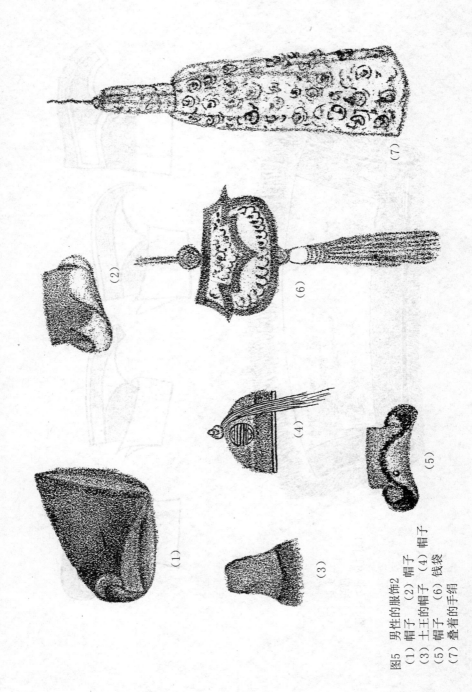

图5 男性的服饰2
(1) 帽子 (2) 帽子
(3) 土王的帽子 (4) 帽子
(5) 帽子 (6) 钱袋
(7) 叠着的手绢

·欧·亚·历·史·文·化·文·库·

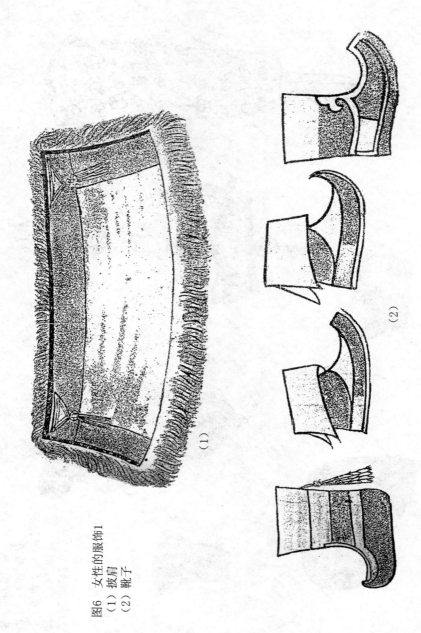

图6 女性的服饰1
(1) 披肩
(2) 靴子

(1)

(2)

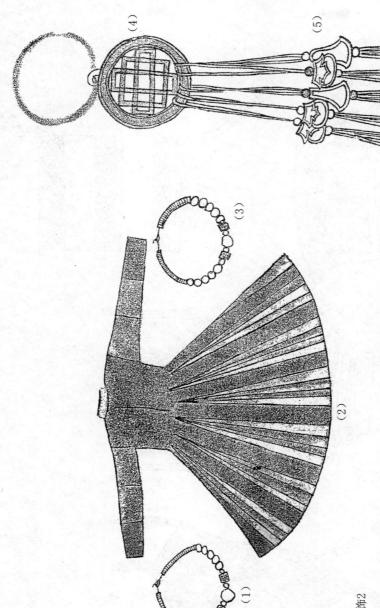

图7 女性的服饰2
(1) 耳环
(2) 裙子
(3) 耳环
(4) 黄铜牌饰
(5) 钱袋

·欧·亚·历·史·文·化·文·库·

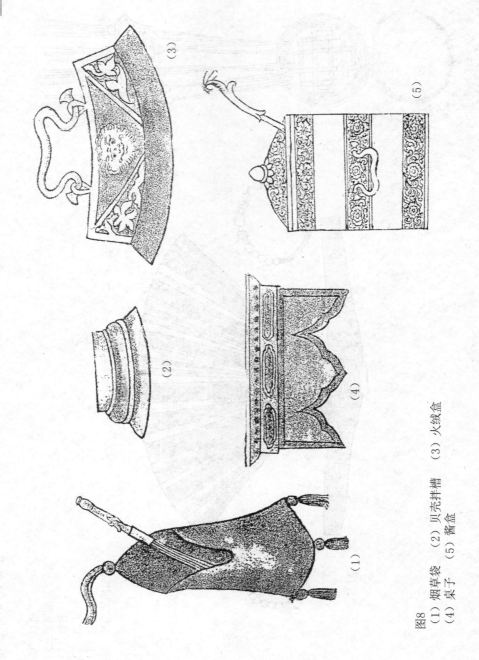

图8 （1）烟草袋 （2）贝壳拌槽 （3）火绒盒
（4）桌子 （5）酱盒

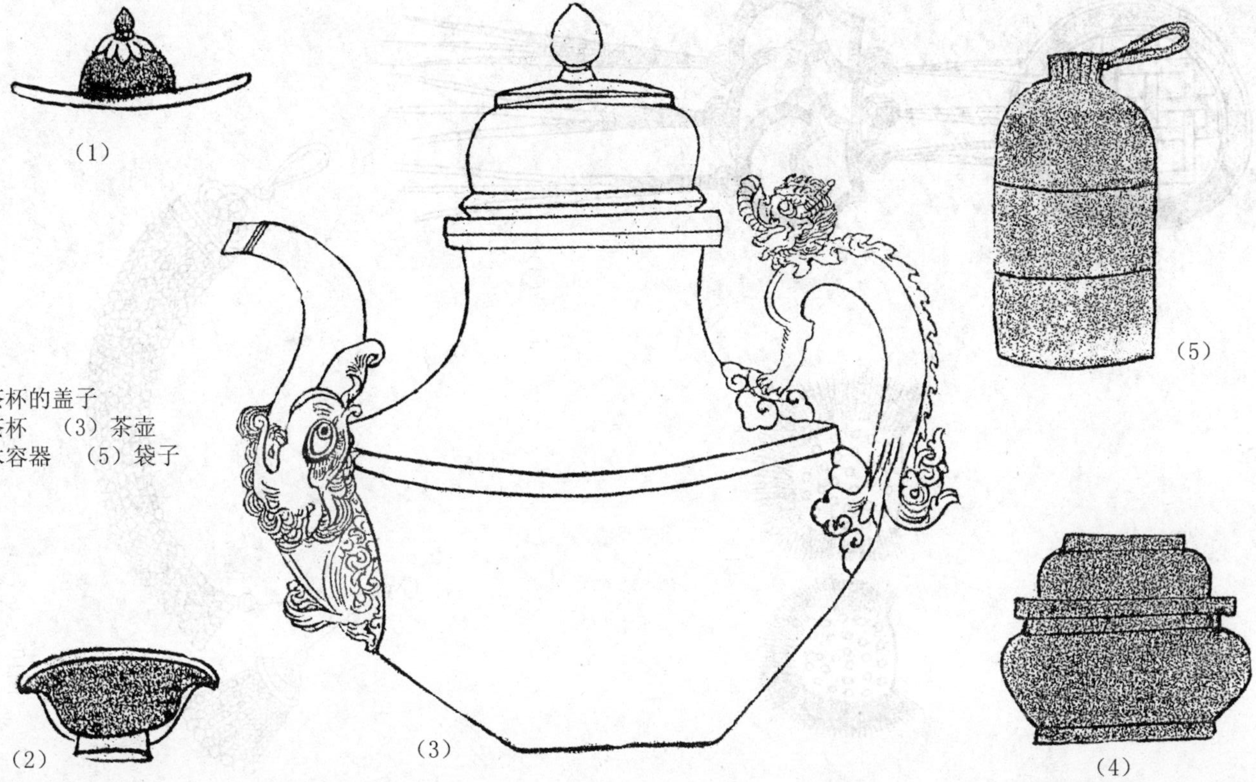

图9
(1) 茶杯的盖子
(2) 茶杯 (3) 茶壶
(4) 木容器 (5) 袋子

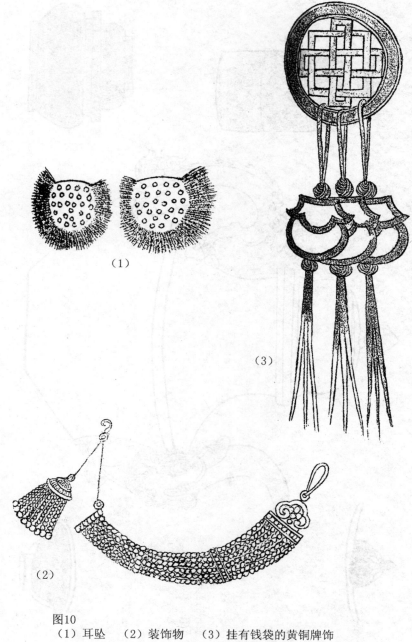

图10
（1）耳坠 　（2）装饰物 　（3）挂有钱袋的黄铜牌饰

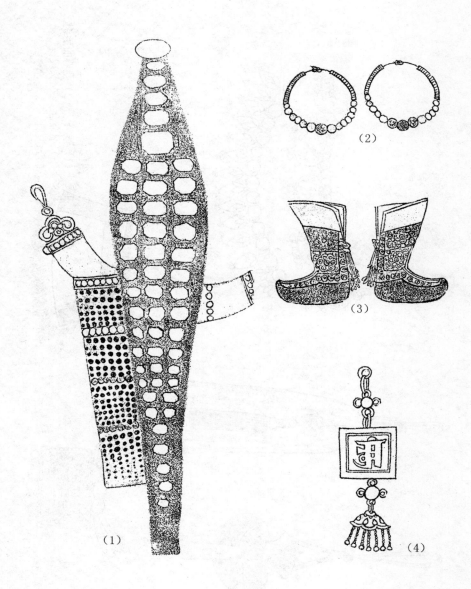

图11
（1）头饰　　（2）耳环　　（3）毡靴　　（4）小金盒

·欧·亚·历·史·文·化·文·库·

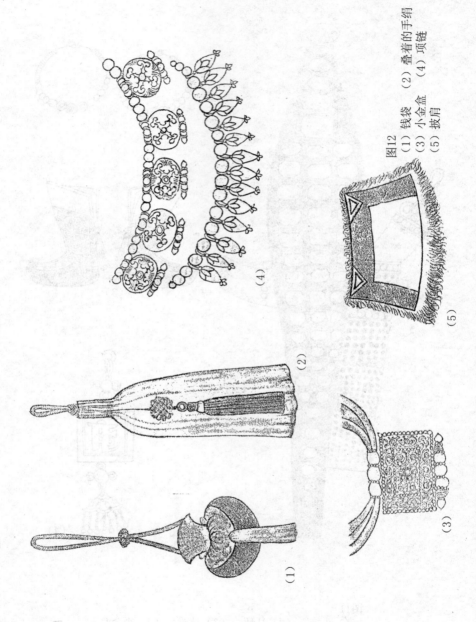

图12　（1）钱袋　（2）叠着的手绢
　　　（3）小金盒　（4）项链
　　　（5）披肩

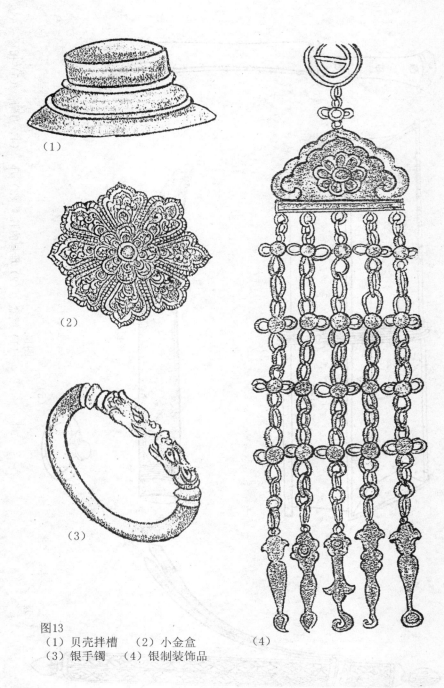

图13
（1）贝壳拌槽　（2）小金盒
（3）银手镯　（4）银制装饰品

·欧·亚·历·史·文·化·文·库·

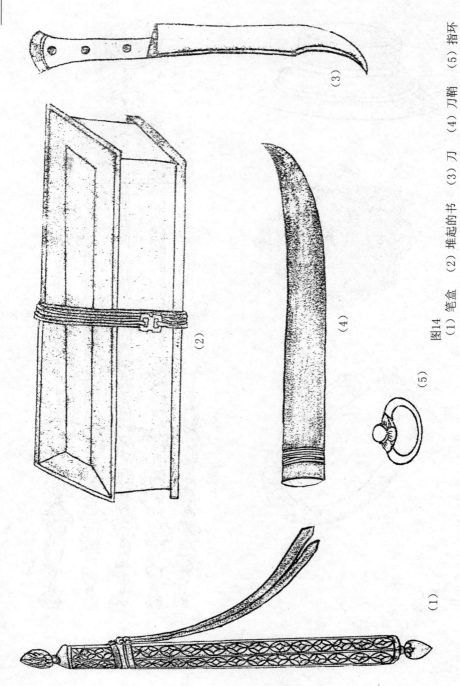

图14
(1) 笔盒　(2) 堆起的书　(3) 刀　(4) 刀鞘　(5) 指环

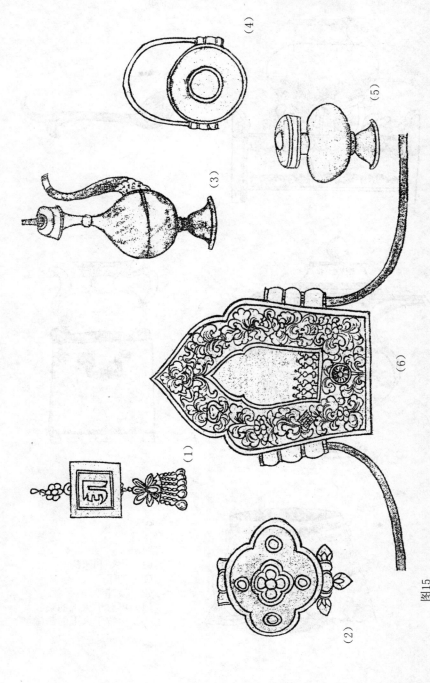

图15

(1) 放头饰的金盒 (2) 放头饰的金盒 (3) 水罐 (4) 水壶 (5) 墨水瓶 (6) 带有佛像的避邪物

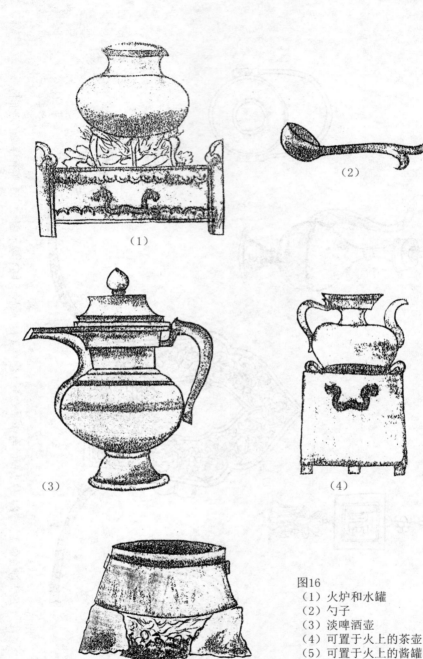

（1）

（2）

（3）

（4）

（5）

图16
（1）火炉和水罐
（2）勺子
（3）淡啤酒壶
（4）可置于火上的茶壶
（5）可置于火上的酱罐

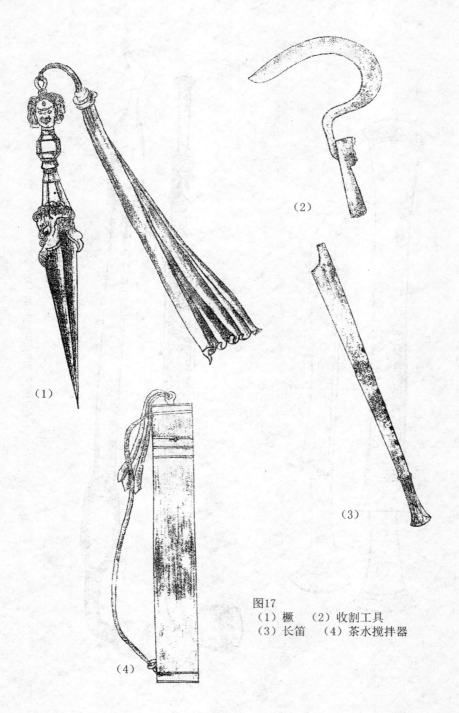

图17
（1）橛　　（2）收割工具
（3）长笛　　（4）茶水搅拌器

·欧·亚·历·史·文·化·文·库·

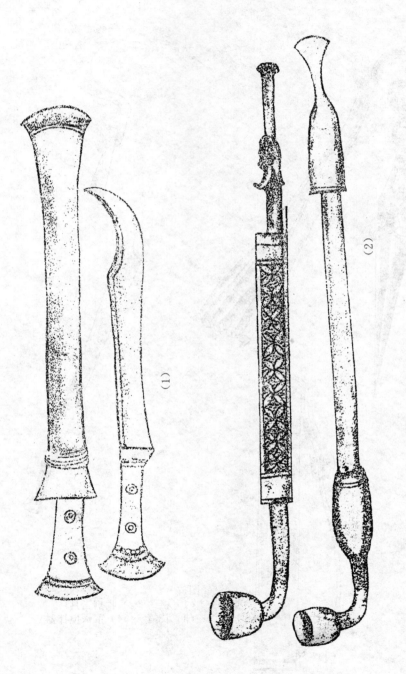

图18
(1) 在刀鞘里的刀　(2) 烟卡尔

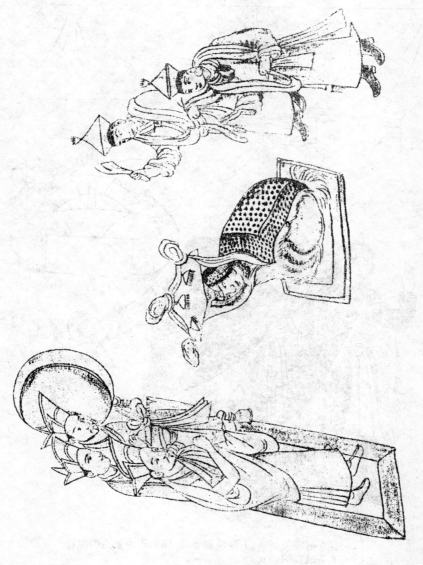

图19 结婚仪式

图20
（1）客人的座位　（2）淡啤酒壶及（a）作为茶点的面粉
（3）准备跳舞的妇女

图21
（1）婚宴　（2）新娘的女仆　（3）新娘　（4）新郎　（5）男傧相
（6）啤酒壶及用面粉做的砖，这些要分给家庭的每个成员　（7）乐队

图22　马背上的绅士

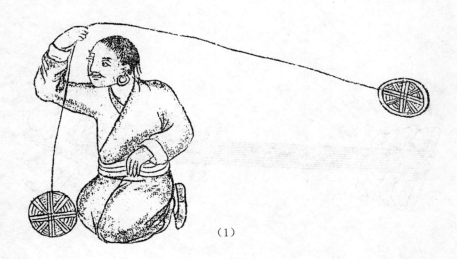

（1）

图23
（1）做绳人
（2）毯子制作者

（2）

·欧·亚·历·史·文·化·文·库·

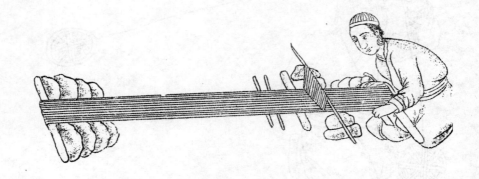

图24　织布者

图25 跨过一座桥

·欧·亚·历·史·文·化·文·库·

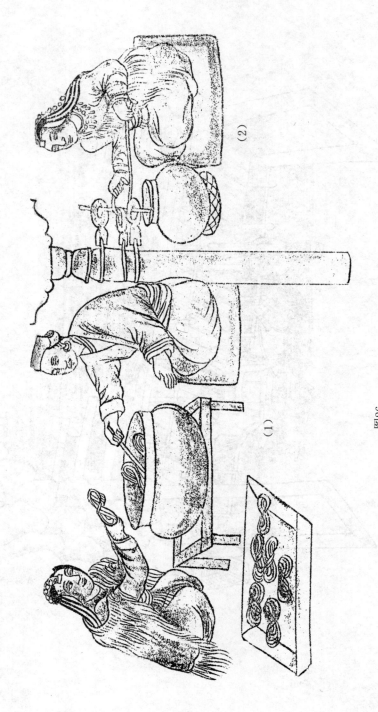

图26　（1）做通心粉　（2）搅动

图27　(1) 裁缝　(2) 正在试穿衣服的顾客

图28　载重的骡子

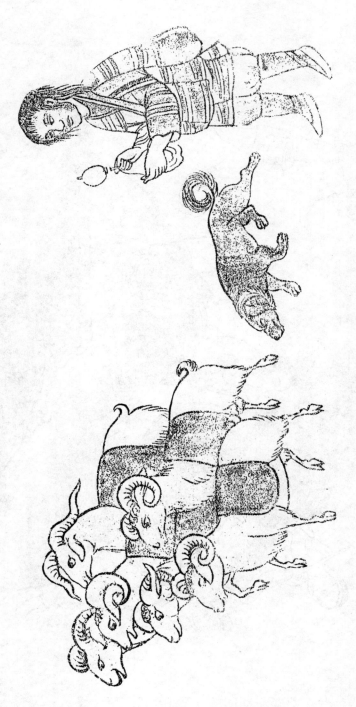

图29 赶着载物的绵羊和牧羊犬的牧人

·欧·亚·历·史·文·化·文·库·

图30 捕鱼

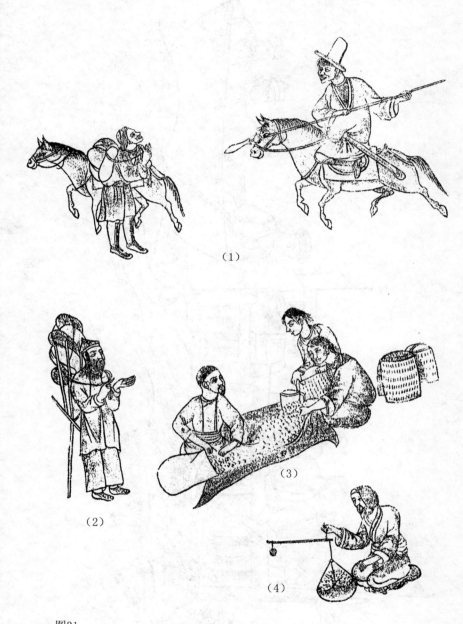

图31
（1）攻击一个商人的土匪 （2）苦力 （3）物物交换 （4）称羊毛

· 欧 · 亚 · 历 · 史 · 文 · 化 · 文 · 库 ·

图32 渡船

（1）

（2）

图33
（1）耕种和播种　　（2）挖肥料

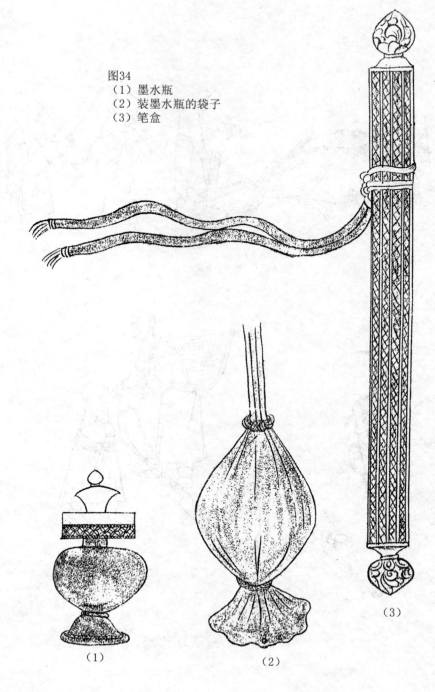

图34
（1）墨水瓶
（2）装墨水瓶的袋子
（3）笔盒

（1）

（2）

（3）

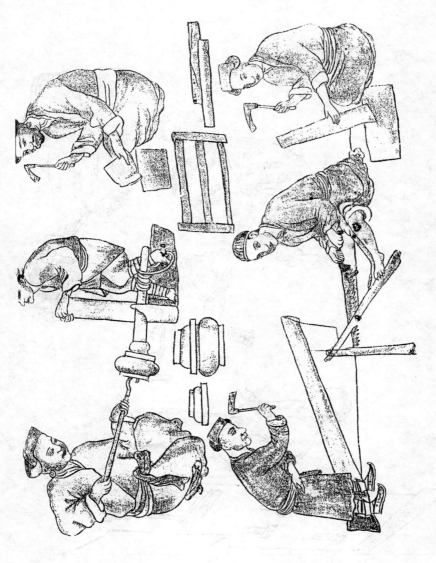

图35 工作中的木匠

·欧·亚·历·史·文·化·文·库·

图36 铁匠

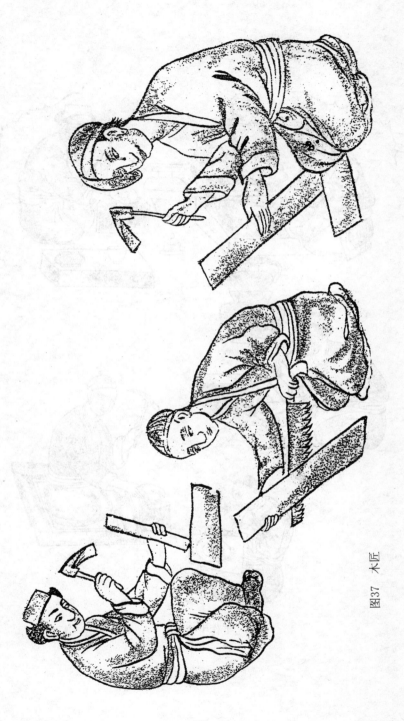

图37 木匠

·欧·亚·历·史·文·化·文·库·

图38　工作中的铜匠

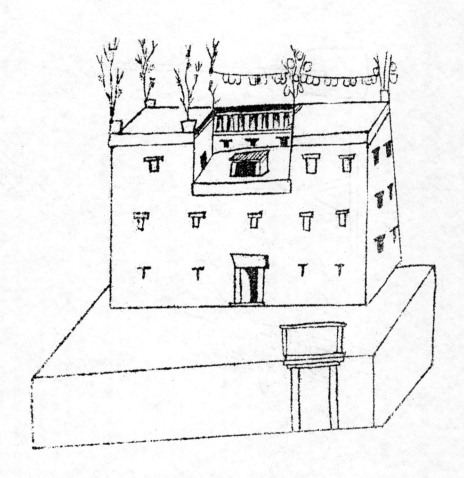

图39 典型藏式房屋的大致轮廓

·欧·亚·历·史·文·化·文·库·

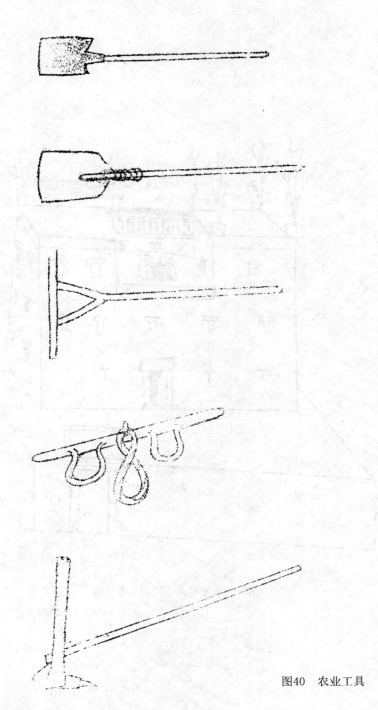

图40　农业工具

图41 接受喇嘛和他的仪仗队致敬的土王

·欧·亚·历·史·文·化·文·库·

图42　土王和他的朝臣

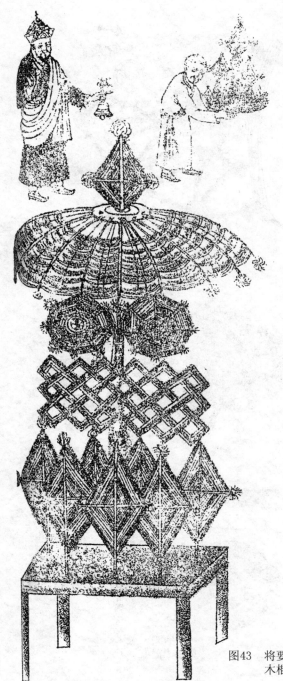

图43　将要在新年烧掉的用
木棍和线做成的魔鬼

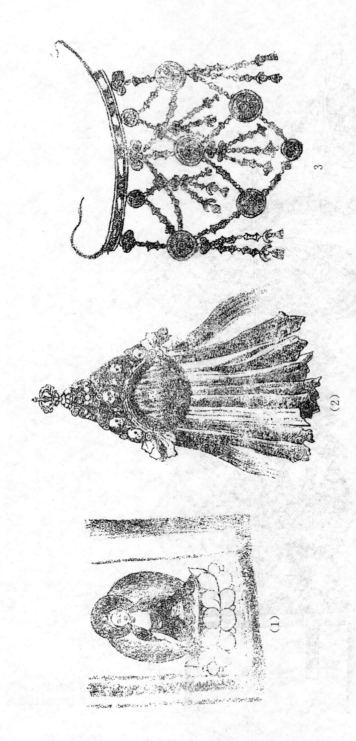

图44
(1) 佛 (2) 主教法冠 (3) 僧人的花圈

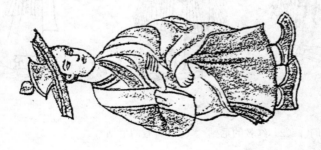

图45 查巴斯（Chabbas）或西藏商人

（1）

（2）　　　　　　　　　　　　　　（3）

图46
（1）喇嘛们　　（2）红教的尼姑　　（3）黄教的尼姑

图47 对村庄头人表示尊敬的牧民

·欧·亚·历·史·文·化·文·库·

图48　口述经卷

图49　旅途中的拉萨喇嘛

·欧·亚·历·史·文·化·文·库·

图50　拉萨的上层妇女

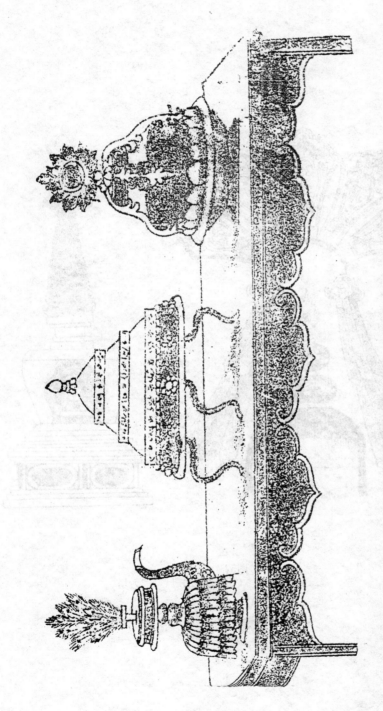

图51 装有神圣汁液和神圣食物的容器

·欧·亚·历·史·文·化·文·库·

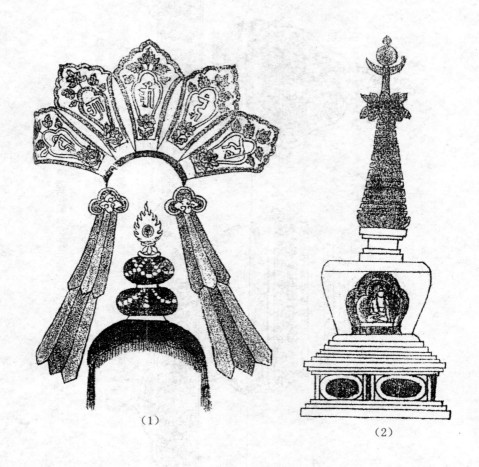

（1）

（2）

图52
（1）主教法冠 （2）塔

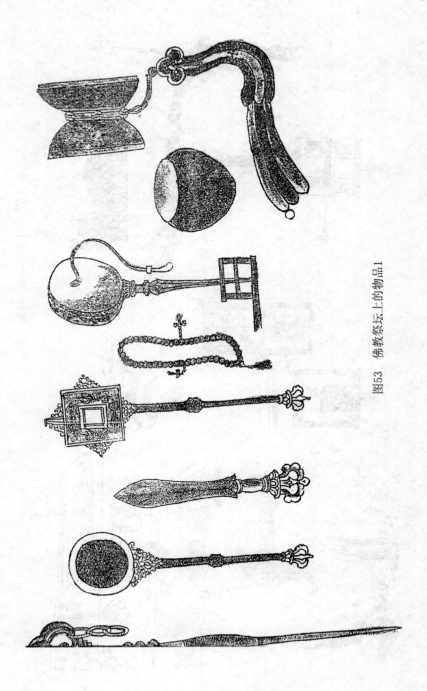

图53 佛教祭坛上的物品1

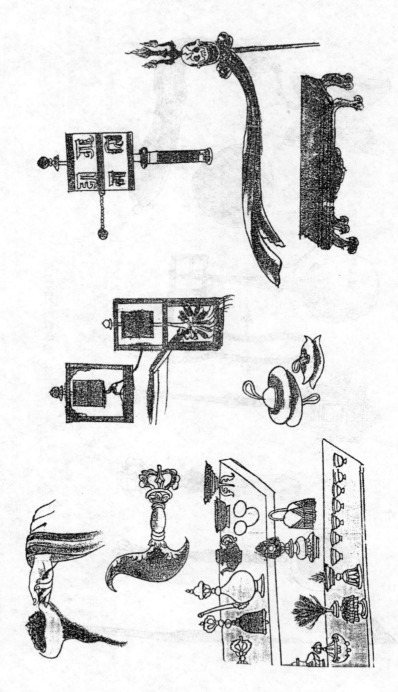

图54　佛教祭坛上的物品2

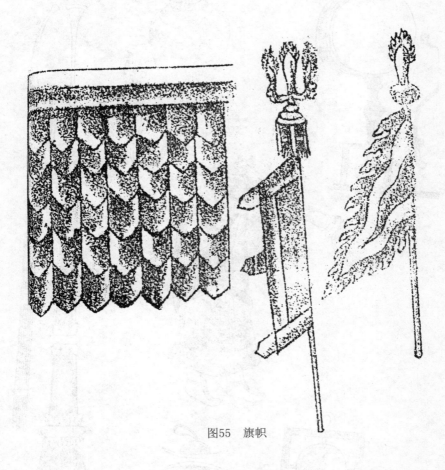

图55 旗帜

·欧·亚·历·史·文·化·文·库·

图56 乐器

158

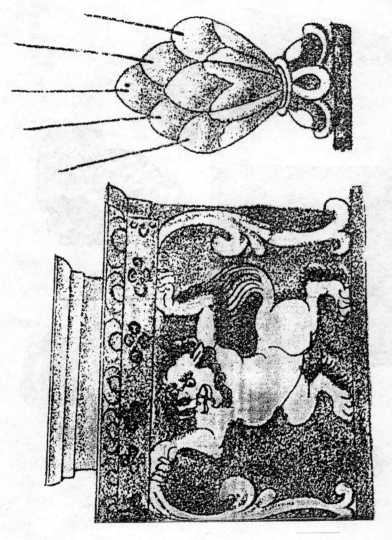

图57 香炉

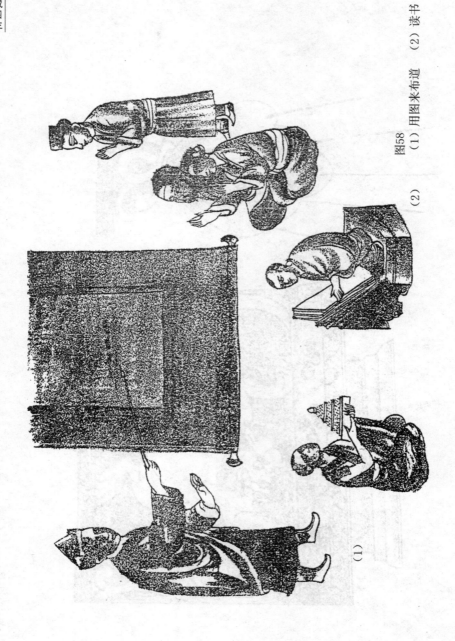

图58 （1）用图来布道 （2）读书

（2）

（1）

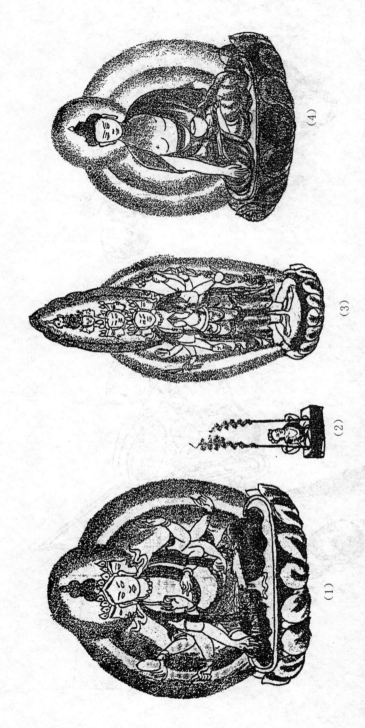

图59
(1) 三神一体（三头人塑像） (2) 香炉
(3) 十一面人塑像 (4) 佛

图60　主持圣典

图61　由骡子抬的轿子

·欧·亚·历·史·文·化·文·库·

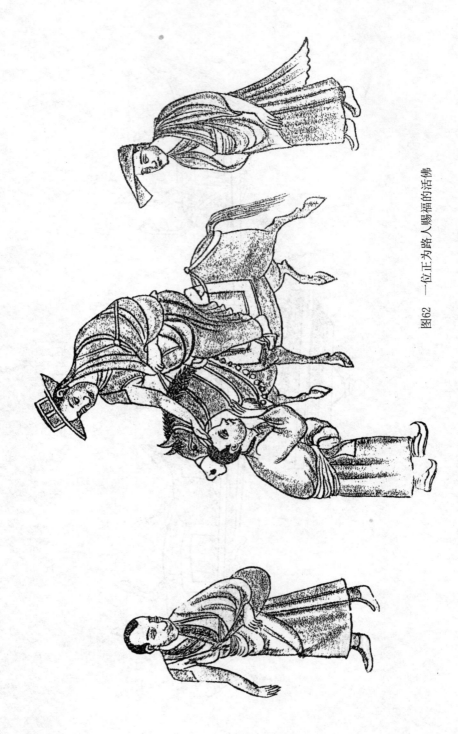

图62 一位正为路人赐福的活佛

图63 葬礼

·欧·亚·历·史·文·化·文·库·

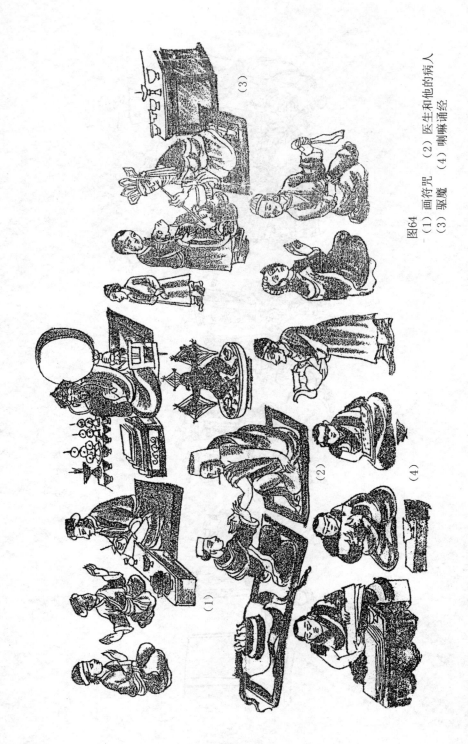

图64
(1) 画符咒　(2) 医生和他的病人
(3) 驱魔　(4) 喇嘛诵经

166

(2)

(1)

图66 制作茶砖

索　引

地名索引

A

阿格拉（Agra）　1,2,26

艾斯帕塔克（Ispatak）　7

B

巴尔塔尔（Baltal）　13

巴尔提斯（Baltis）　44

巴尔提斯坦（Baltistan）　13,
27,58

巴拉姆拉（Bara Mula）　5

巴森特拜格（Basant-Bag）　7

布郭（Buzgoo）　22,23

C

查什玛·萨赫（Chashma Shahi）
6

尺姆布里（Chimbray）　25

赤绰（Chitral）　15

F

梵蒂冈（Vatican）　33

G

嘎万（Gawan）　23

嘎温（Gavan）　20

噶大克（Gardok）　60

甘卓波尔（Gandrabal）　12

龚德（Gonda）　11,12,14,15

古玛格（Gulmarg）　10,12,14

H

赫米斯（Hemis）　2,11,12,19,
23,25,26,31,36

J

吉尔吉特（Gilgit）　15,27

加利利（Galilee）　35

加姆（Jummu）　8

·欧·亚·历·史·文·化·文·库·

人名索引

A

B

·欧·亚·历·史·文·化·文·库·

·欧·亚·历·史·文·化·文·库·